BEWAHRTES BRAUCHTUM

PAUL ERNST RATTELMÜLLER
BEWAHRTES BRAUCHTUM

Eine Bilddokumentation aus der Nachkriegszeit

SÜDDEUTSCHER VERLAG

Mit 470 Farbbildern und 10 Schwarz-Weiß-Photos
von Paul Ernst Rattelmüller.
(Da die Filme ca. 30 bis 40 Jahre alt sind
und vor allem dokumentarischen Wert besitzen,
bitten wir um Nachsicht, wenn die technische Qualität
nicht immer heutigen Maßstäben entspricht.)

ISBN 3-7991-6432-4

© 1989 Süddeutscher Verlag
in der Südwest Verlag GmbH & Co.KG, München
Alle Rechte vorbehalten. Printed in Germany
Reproduktionen: MB-Scan Repro GmbH, München
Druck: Wenschow-Franzis, München
Bindearbeit: R. Oldenbourg, München
Typographie + Herstellung: Hans Widmann, Berg-Höhenrain

DEM
BEZIRKSTAG VON OBERBAYERN,
DER MIR BEI MEINER ARBEIT
ALS BEZIRKSHEIMATPFLEGER
EINE GROSSE FREIHEIT GEWÄHRT HAT,
MIT HERZLICHEM DANK

Vorwort

Alte Schwarzweiß-Photos, die technische Mängel haben, können gerade durch diese Mängel an Reiz gewinnen; Farbbilder, deren Farben verblassen, sind nicht mehr brauchbar und verloren. Deshalb bin ich dem Bezirk Oberbayern, der Schweisfurthstiftung und dem Süddeutschen Verlag sehr dankbar, daß sie das Erscheinen dieses Buches möglich gemacht und damit dafür gesorgt haben, daß wenigstens das hier veröffentlichte Bildmaterial über die Lebensdauer von Dias hinaus erhalten bleibt.
Die Auswahl aus einigen tausend Photos war – nachdem bekanntlich derjenige, der die Wahl, auch die Qual hat – schwierig und mühsam genug. Selbst ein so umfangreicher Band wie dieser setzt Grenzen, und auf so manches dieser alten Bilder hat man nur sehr ungern verzichtet. Da die Auswahl unter zwei Gesichtspunkten hat stattfinden müssen, nämlich unter dem rein volkskundlich sachlichen einerseits und unter dem Blickwinkel der Schönheit eines Bildes andererseits, hat man sich von so manchem Dia nur sehr schwer getrennt, und es hat eine gute Zeit gedauert, bis man sich dann halt doch – schweren Herzens zwar – damit abgefunden hat.

Wie ist nun die Sammlung entstanden? Als ich, vom Krieg heimgekehrt, versucht habe, mir eine Existenz aufzubauen, habe ich meine ersten Schritte auf dem Gebiet der Graphik getan, vor allem der Buch- und Zeitschriftenillustration. Das war unmittelbar nach der Währungsreform ein mühsames Unterfangen. Ist der Anfang in einem freien Beruf immer schwierig, in einem künstlerischen noch um einiges mehr, so war er aber wohl am schwierigsten wenige Jahre nach dem Krieg, als ein Kochtopf und das Nötigste zum Leben halt wichtiger gewesen sind als ein illustriertes Buch.
Mit der Zeichenmappe unterm Arm habe ich Verlage besucht, und in der Hoffnung, Aufträge zu bekommen, meine Arbeiten hergezeigt. Es sind die Jahre, in denen langsam der Alpdruck der jüngsten Vergangenheit weicht, weißblaues Selbstverständnis herwächst und folglich die erste Bavarica-Literatur wieder erscheint. So wird das erste Buch, das ich illustriert habe, Eduard Stemplingers *Horaz in der Lederhos'n,* eine Tusculum-Ausgabe, auf der einen Seite lateinisch, auf der anderen oberbayrisch. Auch die Illustrationen sind gegenübergestellt. Durch die Bekanntschaft mit Eduard Stemplin-

ger werden die Weichen gestellt. Es würde hier zu weit führen, den Weg zu einem Wilhelm Dieß, zu einem Kiem Pauli, zu Olaf Gulbransson, zu Professor Karl Alexander von Müller zu schildern. Tatsache ist, daß diese Begegnungen das historische Interesse erweitert, das volkskundliche geweckt und einem den Mut gegeben haben, bei der Graphik zu bleiben.

Wenn man im freien Beruf weiterkommen und Geld verdienen möchte, weil man schließlich auch leben will, muß man sich etwas einfallen lassen. So reift der Gedanke, man könnte sich doch auch durch Photographieren etwas dazuverdienen. Folglich kommt es unter rechten Opfern zum Erwerb einer Leica.

Die ersten Aufnahmen entstehen bei einem Trachtenfest in Weilheim und bei einer Fahnenweihe in Dießen am Ammersee. Diese Welt ist damals neu für mich und die Begeisterung groß. Zuerst fahre ich mit dem Fahrrad jedem Trachtenfest nach, um dabei sehr schnell zu erfahren, daß es oft die gleichen Trachten, zum Teil auch die gleichen Vereine sind, und daß alle diese Feste nach einem festgefügten Programm und dem gleichen Schema ablaufen. Deshalb kommt der Gedanke auf: Wäre es nicht viel interessanter und gescheiter, statt der immer gleichen Feste einmal Bräuche festzuhalten? So entstehen die ersten Bilder meiner Sammlung, Bildreportagen von Bräuchen; zunächst allerdings in Schwarzweiß.

Nun ist es eine alte Erfahrung: wenn man sich wirklich und vor allem hartnäckig für etwas interessiert, laufen einem die Dinge, die Informationen ganz von selber zu. So war es auch in meinem Fall – so war es übrigens mein ganzes Leben lang und so ist es immer noch. Die Begeisterung, die Sammelleidenschaft – das »Sammeln von Bräuchen« nämlich – dazu vielleicht auch die Ahnung, daß in unserer Welt ein Umbruch bevorsteht, eine Veränderung einsetzt, in der so vieles unwiederbringlich verloren gehen wird, das alles zusammen löst damals den Plan aus, eine Dokumentation von Bräuchen im Jahres- und Lebenslauf zusammenzutragen, und zwar – nachdem der Farbfilm nach und nach den Markt erobert – nun in farbig. Daß es mit der Haltbarkeit dieser Farbfilme eines Tages Schwierigkeiten geben könnte, daran denkt man in jenen Jahren nicht. Erfahrungen damit hat man noch keine.

Sammler sind ja sonderbare Menschen, bei denen die Leidenschaft ökonomische Vernunft oft genug im Keim erstickt; schon gleich bei Sammlungen, die einen finanziellen Marktwert, gar noch einen wertsteigernden, ausschließen. Nur so ist zu erklären und zu verstehen, daß diese Sammlung überhaupt zustande gekommen ist. Denn die Leidenschaft geht so weit, daß ich unterwegs oft genug eine trockene Semmel esse, nur um mir wieder einmal einen teuren Farbfilm leisten zu können. Das ist jetzt nicht leichthin behauptet, um lauthals Schwarz auf Weiß zu bekunden, unter welchen Opfern diese Sammlung zustande gekommen ist; dies soll vielmehr erklären, warum der regionale Umkreis sich zunächst auf das Gebiet beschränkt, das mit einem alten Fahrrad zu bewältigen ist. Wohl gemerkt an einem Tag, denn eine Übernachtung ist im schmalen Etat nicht vorgesehen. Reisekosten gibt es keine. Bei wem sollten sie auch eingereicht werden? Das erklärt, warum viele Bilder im südwestlichen Raum von Oberbayern entstanden sind. So erfährt auch dieses Buch ein Schicksal, das so manche volkskundlichen Arbeiten der Vergangenheit auch begleitet: Leoprechtings *Aus dem Lechrain* genau so wie Joseph Schlichts köstliche Schilderungen aus Niederbayern oder Franziska Hagers Aufzeichnungen aus dem Chiemgau. Alle diese Arbeiten sind zwar regional beschränkt, und doch hat so vieles, das darin geschildert wird, seine Gültigkeit für das weite Land.

Im Zeichen des sozialen Fortschritts bin ich dann zu einem kleinen Motorrad gekommen, einem Strandgut der deutschen Wehrmacht, Marke Steyr Puch, 125 Kubik, Doppelkolbenmotor, feldgrau, klapprig, aber zuverlässig. Das war immerhin zu einer Zeit, in der Bauernburschen längst auf eine BMW, eine DKW gespart haben oder, eine Staubwolke hinter sich lassend, mit der Horex flott durch die Gegend gefahren sind. Motorradkleidung: ein alter, aus der Gefangenschaft geretteter Militär-Kradmantel, Kopfbedeckung: ein Hut, Kamera und Zubehör im Rucksack. Damit ist so manches leichter geworden. Im Laufe der Zeit und im Zeichen eines bescheidenen, sozialen Fortschritts habe ich dann ein fahrbares Dach bekommen, nämlich eine Isetta. Der Aktionsradius ist damit größer geworden und der Regen, auch der Schnee, haben mir nicht mehr so zusetzen können.

So ist mit den Jahren eine umfangreiche Sammlung hergewachsen, ein Archiv, das es mir möglich gemacht hat, Lichtbildervorträge zu halten, für mein Anliegen, nämlich das Erhalten von Bräuchen, zu werben, Erfahrungen zu sammeln und Übung im Umgang mit der Öffentlichkeit zu bekommen. Eines Tages wird diese Sammlung sogar zu einer Brücke zum Rundfunk, die sicher ohne die Bilder, ohne das Erleben von Bräuchen vor Ort nicht zustandegekommen wäre. Die Tatsache, daß mich damals vor jedem größeren Fest Reporter »abmelken« und sich ihr Honorar von mir aufs Band erzählen lassen, dazu die Erkenntnis, daß ich mich mit dem Erzählen so schwer auch wieder nicht tue, bereitet den Weg zum Bayerischen Rundfunk. Die Bilder sammeln sich sehr schnell in einer Fülle an, die von mir weder, was das Archivieren – sprich die Ordnung – betrifft, bewältigt noch ordentlich aussortiert werden kann, denn nicht alle Bilder eignen sich für die Vorträge. Zudem fordert der freie Beruf seine Zeit, und so erlahmt langsam aber sicher die Sammelwut. Die Gründung einer Familie setzt letztendlich andere

Schwerpunkte. Deshalb ist es, von Ausnahmen abgesehen, beim Sammeln in den Jahren zwischen 1950 und 1960 geblieben. Seitdem ist die Sammlung mit den Jahren, die an sie hingewachsen sind, interessanter, damit wertvoller und so zu einer Dokumentation geworden. An ihr kann man ablesen, was sich in drei bis vier Jahrzehnten alles geändert hat – ein Umbruch von einem bislang wohl beispiellosen Ausmaß und einer ebenso beispiellosen Geschwindigkeit. Was mag einem beim Betrachten dieser Bilder nicht alles auffallen? Straßen ohne Asphalt und Teer, Dächer ohne Antennen, Ochsen statt Traktoren, Bräuche ohne Zuschauer und folglich ohne Festzeichen. So sind diese Bilder, nur weil sie sich im großen und ganzen erhalten haben, zu Dokumenten geworden. So manchen Brauch gibt es längst nicht mehr, andere zwar immer noch, aber doch unter Voraussetzungen, die mit denen vor dreißig, vierzig Jahren recht wenig gemein haben. Und es stimmt einen beim Betrachten dieser Bilder schon recht nachdenklich, wenn man auch noch feststellen muß, wie viele von denen, die darauf zu sehen sind, längst nicht mehr leben.

Es mag manchen vielleicht erstaunen, daß in diesem Buch immer wieder Bilder von Bräuchen in der Kirche zu sehen sind, obwohl Aufnahmen während des Gottesdienstes damals von Geistlichen ungern gesehen, zum Teil sogar verboten worden sind. An dieser Stelle muß ich vor allem an Pfarrer Eugen Job in Habach denken und ihm danken: Er hat gottlob einen ausgeprägten Sinn für das Dokumentieren gehabt, auch für die Dokumentation kirchlicher Bräuche in Bildern. Dafür kann man rückblickend gar nicht genug dankbar sein. Bei aller Zustimmung des Pfarrherrn wäre aber selbst dann so manche Aufnahme nicht möglich gewesen, hätte ich die Betroffenen nicht gekannt und hätten sie das Photographieren nicht erlaubt. Man kann, um ein Beispiel zu nennen, beim Blasiussegen oder beim Einäschern am Aschermittwoch keine Nahaufnahme machen ohne die Einwilligung der jeweils beteiligten Menschen. So sei heute auch denen gedankt, die das Photographieren damals mit sich haben geschehen lassen.

Es mag auch auffallen, wie viele Bilder den Kirchenbrauch betreffen. Aber es mag nicht mehr so überraschen, wenn man daran denkt, daß sich die Bräuche am Kirchenjahr orientieren, daß es nur wenige Bräuche gibt, die davon losgelöst sind. Die Fastnacht zum Beispiel. Aber bereits das Fällen und Aufstellen eines Maibaumes ist mit einem Gebet verbunden, mancherorts sogar mit der Weihe durch den Ortspfarrer. Ohne das Austragen des geweihten Feuers, ohne die Ratschen am Karfreitag und Karsamstag hätte es wohl das Eiersammeln nicht gegeben, zumindest nicht in dieser Form. Ohne die Weihe des Wassers in der Osternacht würde es das Weihwasser oder Osterwasser nicht geben, das im Volksleben und Volksbrauch doch eine gewichtige Rolle gespielt hat. Möge dieses Buch auch zu einer Rückbesinnung beitragen, möge es unserer Zeit Menschen vor Augen führen,, die um das Festefeiern gewußt haben, die sich für die Vorbereitung eines Festes noch Zeit genommen und viel Arbeit gemacht haben, obwohl ihre Freizeit damals knapper bemessen war, als das in unseren Tagen der Fall ist. Schließlich hat das Festefeiern einen tiefen Sinn: Es ist nämlich auch ein Teil der heute so vermißten und deshalb so hochgepriesenen und viel beschworenen Menschenwürde.

Man spricht gerne im Zusammenhang mit einer Arbeit, wie sie hier vorliegt, von dem Idealismus, der so etwas zustande bringt. Das kann man, wenigstens in meinem Fall, so nicht sagen. Wahrer Idealismus ist, wenn man etwas »trotzdem« tut. Das war bei dem Aufbau dieser Sammlung nicht der Fall. Meine Bilder sind zusammengetragen worden aus Sammelleidenschaft, aus Interesse, aus Freude an der Sache. Bei meiner Tätigkeit als Bezirksheimatpfleger war das etwas anderes; da ist so mancher Einsatz »trotzdem« geschehen, auch dann, wenn man gewußt hat, daß man auf ziemlich verlorenem Posten steht und mit der Aufgabe des Bewahrens auf wenig bis gar kein Verständnis stößt.

Es bleibt mir zum Schluß nur noch Dank zu sagen. Dank dem Bezirkstag von Oberbayern, Dank der Schweisfurthstiftung und Dank dem Süddeutschen Verlag, denn sie haben es, wie eingangs schon erwähnt, möglich gemacht, daß diese Arbeit überhaupt das Licht der Welt erblicken kann. In diesen Dank einschließen darf ich aber auch Herrn Hans Widmann für die herstellerische Betreuung, die gerade bei einem solchen Buch viel Erfahrung, aber auch viel gestalterisches Empfinden voraussetzt.

Leutstetten, Pfingsten 1989   Paul Ernst Rattelmüller

Gedanken zur bayerischen Selbstdarstellung und dem Bayernbild im Lauf der letzten zweihundert Jahre

Wir leben in einer Zeit, in der es zum guten Ton gehört, folkloristisch zu denken, einen Sinn für das Rustikale zu haben. Heute kann kaum ein Fremdenverkehrsprospekt, kein Reisebüro, kein Heimatabend ohne das auskommen, was man landläufig als Folklore bezeichnet. Man lebt mit alten Bauernmöbeln, und alte bäuerliche und bürgerliche Gebrauchsgegenstände werden zum Schmuck einer bürgerlichen Wohnung im großstädtischen Wohnblock oder Hochhaus. Ganze Handwerksbetriebe leben von dieser modischen Strömung. Wir sind längst so weit, daß Folkloristisches und Rustikales zum guten Teil bereits durch die Maschine läuft und in Kaufhausprospekten angepriesen wird.

Nun darf man nicht glauben, daß diese Modeströmung etwas grundsätzlich Neues, daß sie ein typisches Kind unserer Zeit ist. Wer sich lange genug mit Geschichte befaßt hat, weiß, daß es – wie es im Buch der Prediger, Kap. 1, Vers. 9 heißt, – nichts Neues unter der Sonne gibt. Der weiß aber auch, daß man eine alte Hose, so sie nicht mehr modern, aber auch noch nicht abgenützt ist, nur lange genug aufheben muß, um sie wieder tragen zu können. Früher einmal, noch vor wenigen Jahrzehnten, zog sich eine solche Entwicklung über Generationen hin; heute – so scheint es jedenfalls – kann diese Hose ein und derselbe in seinem Leben gut selbst noch einmal tragen. Damit soll nur gesagt sein, daß auch der Folklorismus – ohne den es ja das Bayernbild, auch das Bayernklischee, nicht gäbe – nichts Neues ist. Man kann ihn bei uns seit gut zweihundert Jahren recht genau verfolgen. Ginge man aber der Geschichte des Folklorismus etwas intensiver nach, so kommt man sicher zu der Erkenntnis, daß er ein Stück Leben ist. Es hat ihn sicher immer dann gegeben, wenn sich Städter, wenn sich eine überzüchtete Gesellschaft, ihres faden Lebens überdrüssig, auf das ach so gesunde Landleben zurückbesonnen hat. Denken Sie nur an den alten Horaz, der in der Stadt sitzt und von seinem Landhaus träumt. Das ist nichts anderes als ein Stück Folklorismus! Nichts anderes als vergleichsweise die Zweitwohnung des Münchners im Alpenvorland. Schließlich hat es auch in der Antike Städte – Großstädte – gegeben, Brutstätten einer überzüchteten Zivilisation. Und überall, wo Städte größer und größer geworden sind, scheint mit dem wachsenden

Abstand zwischen Bauern und Bürgern, zwischen Land und Stadt auch die Rückbesinnung des Bürgers auf das Bäuerliche hergewachsen zu sein, das Sichzurücksehnen nach dem »heilen Leben« auf dem Lande.

Aber zurück zu unseren Breitengraden. Wie schon angedeutet, gibt es diese Erscheinung bei uns auch nicht erst seit gestern. Mögen sich im höfischen Leben der Renaissance erste Spuren zeigen, so ist sie seit gut zweihundert Jahren recht genau zu verfolgen.

Eines der ersten Zeugnisse des frühen Folklorismus in Bayern sind die Feste bei Hof: in der herzoglichen und kurfürstlichen Residenz in München, draußen in Nymphenburg oder in Schleißheim, wo man sogenannte Bauernhochzeiten gespielt, wo man bäuerliche Trachten als Kostüme getragen hat. Ein Flugblatt des Augsburger Kupferstechers Johann Martin Will zeigt uns eine derartige Bauernhochzeit vom »10. Jänner 1765«. Geheiratet hat dabei niemand, es ist lediglich eines der herkömmlichen Faschingsvergnügen am kurfürstlichen Hof. Sieht man sich diese Radierung mit der lustigen Prozession von Reitern und vierspännigen Pferdefuhrwerken näher an, so wird man an die Leonhardifahrt in Tölz mit ihren Truhenwagen erinnert, die – zum Teil wenigstens – auch mit Bogengirlanden überspannt sind. Da sieht man in dem fähnchengeschmückten Wagen an der Spitze des Zuges das hohe kurfürstliche Paar in der Bauerntracht bei Würstl und Wein, und darüber steht: »Wirth Se Churfürstl. Durchl. in Baiern« und »Wirthin: Ihro Durchl. Churfürstin in Baiern«. Dahinter alle Damen und Herren der Hofgesellschaft, jeder ist mit Namen genannt, jeder trägt Bauerntracht, die Adeligen, die Reit- und Fuhrknechte, die Hofmusik. Das Ende einer solchen Fahrt, die je nach Witterung auch einmal mit Schlitten unternommen wurde, ist der große Hochzeitsehrentanz und das »Mahl«, zu dem das Kurfürstenpaar die Gäste in die Residenz geladen hat. Dabei ist bemerkenswert, daß sie alle die sogenannte Dachauer Tracht tragen, oder richtiger gesagt die Tracht, wie man sie im Osten, Norden, Westen und Südwesten von München auch getragen hat, in Hohenbrunn und Ebersberg, entlang der Amper von Moosburg über Dachau nach Fürstenfeldbruck, ja bis vor die Tore von Landsberg und Weilheim. Damals denkt man noch nicht alpenländisch. Das Leben des Hofes spielt sich vielmehr im Westen, Norden und Südwesten der Stadt ab, in Nymphenburg und Schleißheim, im Forstenrieder Park und in Starnberg. Die hohe Gesellschaft sieht also die Bauern dieser Gegend, deshalb übernimmt sie auch deren Trachten. Das hat nicht zuletzt auch mit der Jagd zu tun. Denn noch ist die höfische Parforcejagd allgemein üblich und nicht die Jagd des 19. Jahrhunderts, die den Hof und den Adel in die Berge führt.

Aber noch einmal zurück zum Folklorefest bei Hof. Von dieser Veranstaltung gibt es auch ein Kartenspiel, ebenfalls erschienen bei dem Augsburger

Fahnenträger beim Trachtenfest in Weilheim 1949

Kupferstecher Johann Martin Will. In diesem Spiel sind zwei Karten, die in diesem Zusammhang besonders interessant sind. Es sind zwei Ober, jeder hoch zu Roß, in der Tracht. Darunter steht jeweils ein Spruch. Jeder dieser beiden Sprüche könnte heute geschrieben sein und nicht vor 200 Jahren. Der unter der einen Karte wird der nationalen Welle gerecht: »Bayerisch, bayrisch mus es sein, stimet alle mit mir ein.« Der andere ist von der Folklorewelle getragen: »Bauern bildt euch etwas ein, alles will jetzt baurisch sein«: 1765/70 – nicht 1989.

Nun braucht man nicht zu glauben, daß solche Gedanken nur am bayerischen Hof in München geboren worden sind. Sie liegen im Zug der Zeit und sind in Frankreich und England ebenso groß in Mode. Man muß sich einmal vorstellen, wie überzüchtet, wie überpudert die Epoche des Rokoko gewesen ist, von einer Verspieltheit, die nicht mehr zu überbieten war. Da hat der Ruf nach Einfachheit genauso kommen müssen wie die Sehnsucht nach dem Natürlichen. Es ist die Zeit, in der das Rousseausche Wort »zurück zur Natur« auch der kennt, der von Rousseau sonst gar nichts weiß. Es ist die Zeit der Aufklärung, die Zeit des Entdeckens, auch des Entdeckens im eigenen Land. Rousseau ist sozusagen der erste Grüne.
Wer fühlt sich nun von dem Ruf »zurück zur Natur« angesprochen? Der Bauer? Der hat die Bindung zur Natur nie verloren. Der Bürger? Der Bürger der mittelalterlichen Stadt hat bis weit ins 19. Jahrhundert seine Stadt nicht verlassen – es sei denn zu einer Wallfahrt oder zum Osterspaziergang, wenn man Goethe glauben darf, und der hat ihn ja auch nicht erfunden. Der Bauer kommt in die Stadt auf den Markt; aber der Bürger geht nicht hinaus aufs Land. Schon gar nicht, um Ferien zu machen und Erholung zu suchen. Es sei denn, er ist Patrizier und schaut auf seinem Landgut oder seiner Hofmark nach dem Rechten. Der Adel fühlt sich angesprochen, vor allem aber die europäischen Höfe.
Die Könige, Herzöge, Kurfürsten fahren nun aber nicht hinaus aufs Land, sie holen sich vielmehr das Land herein in ihre Parks. So geschehen zum Beispiel im Park von Versailles. Und so entsteht auch im Park von Nymphenburg eine Meierei, ein kleiner Bauernhof, in dem die höfische Gesellschaft je nach Lust und Laune Bauer und Bäuerin spielt. Sicher hat man dabei auch dem Anlaß gemäß die entsprechende Kleidung getragen. So ist das Schäferinnengewand des ausgehenden 18. Jahrhunderts vergleichbar dem Edeldirndl unserer Tage. Und wenn die Königin Marie-Antoinette bei einem Besuch der Mühle im Park von Versailles den Versuch unternimmt, Geißen zu melken, und weil ihr ein hölzerner Melkeimer zu bieder ist, so muß er durch einen aus Sèvres-Porzellan ersetzt werden. Wir heute allerdings haben recht wenig

Grund, darüber zu lachen. Man denke nur an eine gewisse Schicht unserer Gesellschaft, bei der es längst üblich geworden ist, im Edeldirndl und Trachtensmoking in der schönsten Dorfkirche zu den Klängen der Bauernmesse zu heiraten. Und dann ab im Mercedes oder Porsche, ab zum Flughafen, ab mit dem Jet irgendwo hin auf der Welt, zwischen Teneriffa und Hawai.

Mit dem 18. Jahrhundert verbinden sich natürlich auch die Bestrebungen der Aufklärung. Wenn wir heute von ihr sprechen, denken wir im allgemeinen an die wahrlich nicht immer glücklichen Folgen, und kaum jemand wird sich an die wohlbegründeten und wohlüberlegten Vorstellungen erinnern, die am Beginn dieser Aufklärungsbestrebungen stehen. Sie reichen bis in das frühe 18. Jahrhundert zurück. Eines der ersten Zeugnisse ist der *Parnassus Boicus oder neu eröffnete Musenberg,* eine Zeitschrift, die erstmals 1722 erscheint und sich für die »Einführung und Beförderung der Wissenschaften und Künste in den bayerischen Landen« einsetzt. Bereits in der Barockzeit tauchen solch aufklärerische Vorstellungen auf, und es ist vielleicht bezeichnend, daß alle drei Herausgeber, Eusebius Amort in Polling, Agnellus Kandler in Regensburg und Gelasius Hieber in München Augustiner sind. Hierzuland ist nämlich die Aufklärung an ihrem Beginn in keiner Weise kirchenfeindlich wie in Frankreich oder England, sie wird vielmehr von den Klöstern getragen, nicht nur vom Augustinerorden, auch von den Benediktinern. Es würde in diesem Rahmen zu weit führen, die Entwicklung der Aufklärung auch nur stichwortartig aufzuzählen – von den Bestrebungen, dem Volk das Lesen und Schreiben beizubringen, deshalb Schulen zu gründen; vom Einfluß der Josephinischen Reformen in Österreich oder den Vorstellungen des vom Reformeifer getriebenen Erzbischofs Hieronymus von Colloredo im nahen reichsfreien Hochstift Salzburg. Ein neuer Geist ist jedenfalls allenthalben in das Land gezogen; moderne Männer kommen auf die Lehrstühle der Universitäten, die Presse erhält erstaunlich großzügige Freiheiten, sogar in die Amtsstuben der Verwaltung zieht der neue Geist ein. Aber es ist hier wie so oft: gute, vernünftige Ansätze bekommen ihre Eigengesetzlichkeit, machen sich selbständig und enden leider allzuoft in besserwisserischem Sektierertum, in missionarischem Eifer. So gibt es damals viele einflußreiche Leute, die sich für sehr gescheit halten, die auf einmal bemüht sind, dem ach so dummen, einfältigen, abergläubischen, pöbelhaften Volk klarzumachen, daß es bis jetzt alles falsch gemacht hat. Man entwirft Bildungsprogramme am grünen Tisch, denn Erfahrungswerte kennt man keine. Die Herrn, die sich für kompetent halten und zuständig erklären, wissen nicht nur alles, sie wissen – was noch schlimmer ist – alles besser. Sie wissen zum Beispiel ganz bestimmt, daß kirchliche Bräuche Volksverdummung, Kinderbräuche unpädagogisch, Heischebräuche üble Bettelei sind. Man versucht zum Beispiel dem Volk klarzumachen, daß die Theaterstücke, die es spielt, überholt seien, unsinnig und miserabel, daß es besser daran täte, die neuen, eigens für sein Wohl geschaffenen, unter pädagogischen Gesichtspunkten verfaßten Stücke zu spielen. – Die Vorstellung dieser Aufklärer gipfelt in Gemeinschaftsfesten, die Generationen verbinden sollen, in säkularisierten Feiern wie Pflanz- und Erntefesten, die die allgemeine Sittlichkeit und Moral, Staatsökonomie und Staatsbewußtsein fördern sollen.

Damals also ist die Geburtsstunde staatlicher Erntedankfeste, nicht, wie man heute so oft annimmt, in den Jahren des tausendjährigen Reiches. Argwöhnisch betrachtet man im ausgehenden 18. Jahrhundert die alten Volksschauspiele, das religiöse Volksschauspiel ebenso wie die Haupt- und Staatsaktionen der Ritterspiele. Das Ritterschauspiel aus der Zeit des Faustrechts ist von der Obrigkeit nicht mehr gern gesehen, die Passionsspiele oder das beliebte Spiel um die heilige Genoveva ebenfalls nicht. Man verbietet das Theaterspielen ganz allgemein mit der Begründung, der Bildungsstand sei zu gering, als daß die Leute überhaupt in der Lage sind, anständig zu spielen. Und das verbietet man Menschen, deren große Leidenschaft das Theaterspielen ist. Abgesehen von Oberammergau und seinem Passionsspiel haben sich nur zwei Bühnen, dank der Hartnäckigkeit und ihrer Spieltradition, in unsere Zeit hereinretten können, nämlich Endorf mit seinen frommen Spielen und Kiefersfelden mit seinen Ritterstücken.

Nun merkt man bei der hohen Obrigkeit sehr bald, daß man dem Volk nicht nur nehmen kann, daß man ihm auch geben muß, schon gleich wenn überall die Spielleidenschaft hochzüngelt. So entwirft und empfiehlt man dem Volk eigens geschaffene Stücke. »Der adelige Tagelöhner« heißt eines, »Der brave Holzhacker« ein anderes. Und genau diese Stücke aus intellektueller und halbintellektueller Feder werden zur Geburtsstunde des Bauerntheaters heutigen Stils, also zu einer besonderen Erscheinung fragwürdiger bayerischer Selbstdarstellung. Hier hat nämlich auf dem behördlichen Empfehlungsweg zum erstenmal der Bauer sich selbst zu spielen.

Mit dem Volkslied verhält es sich ähnlich. Die »Reformatoren« sind davon erfüllt, dem Volk ein von allen Pöbelhaftigkeiten geläutertes »Landlied« aufzupfropfen. *Das Landlied des gutgesinnten Bauernknechtes Mathies* zum Beispiel. Man hat diese Lieder damals in Zeitungen veröffentlicht, das erwähnte Lied im *Münchner Intelligenzblatt*, Jahrgang 1781. Man hat auch gleich dazugeschrieben, was man mit diesen Liedern bezwecken will: »Es dienen derlei Feld- und Dorflieder zur Sittenlehre; werden sie von Landleuten ins Gedächtnis gebracht und gesungen, so ermuntern sie den Ackermann und verdrängen die unreinen Gesänge, welche das Herz vergiften und die

Seele beflecken. Unsere Absicht ist, das Herz zu bessern und den Verstand der Leute aufzuklären.« Also mit der Überbewertung des Verstandes hat man es damals ähnlich gehalten wie in unseren Tagen.

Solche Lieder veröffentlicht man in diesen Jahren in Zeitungen, oder man versucht sie als gedruckte Sammlungen unter die Leute zu bringen. Aber eines überlegt man sich bei aller Intelligenz auch in der Redaktion des Intelligenzblattes offensichtlich nicht, daß nämlich die meisten Menschen, die es angeht, gar nicht lesen können, daß das Landvolk gerade deshalb auch nicht Abonnent dieser Zeitung ist und die empfohlenen Lieder auf diesem Weg gar nicht bis zum Volk kommen. In wenigen Fällen, in denen dieses Blatt doch gelesen wird, stoßen solche Bestrebungen auf taube altbayerische Ohren; sie scheitern am konservativen Trotz, gottlob. Was würde es bei uns noch zu singen geben, wenn sich diese ministeriellen Bestrebungen damals durchgesetzt hätten.

Es war vor zweihundert Jahren so wie heute auch, und es wird wohl immer so sein: Es müssen neunzig Prozent der Werte zerstört werden, ehe die Allgemeinheit davon Kenntnis nimmt, zur Besinnung kommt, um dann die letzten zehn Prozent retten zu wollen. Es gibt aber auch Menschen, die diesen Verlust früher als ihre Zeitgenossen erkennen. So hat es auch in jenen Tagen weitsichtige, vernünftige Leute gegeben, die sehr genau gespürt haben, daß man dem Volk nicht einfach etwas nehmen kann, ohne ihm Gleichwertiges dafür zu geben; die vor allem auch darum gewußt haben, wie schwer, wie schier unmöglich das ist.

Zu diesen wenigen, vernünftigen weit- und einsichtigen Gelehrten jener Zeit gehört der Münchner Geistliche und Historiker Lorenz Westenrieder. Er ist einer der Entdecker oder Wiederentdecker der bayerischen Vorgeschichte, zu der man damals Altertumskunde sagt. Er liest die wichtigste Quelle zur Kenntnis der germanischen Kultur, die »Germania« des Publius Cornelius Tacitus, und er ist fest überzeugt, daß es diese archaische Welt immer noch gibt, hier in unserer bayerischen Heimat. Westenrieder sucht die Spuren der Vergangenheit nicht nur in Archiven, in Akten und Urkunden; er sucht sie auch im Land selbst. So entdeckt er die Landschaft, so entdeckt er die Menschen, die in ihr leben, so sieht er die Trachten, die sie tragen. Und er stellt fest: so vieles, was Tacitus schildert, gibt es ja bei uns immer noch. In seinen Büchern breitet Westenrieder nicht nur sein Wissen um Geschichte aus, er erzählt auch von eigenen Erlebnissen. Typisch dafür ist sein Buch über den Starnberger See, den man damals Würmsee geheißen hat. Mag so manche historische Aussage durch spätere Forschungen überholt sein, die Schilderungen eigener Erlebnisse sind Urkunde allerersten Ranges. In seinem Buch über München bietet er seinen Lesern im Anhang Wanderungen hinaus vor die Stadt an: durch das Sendlingertor nach Sendling, durch das Schwabingertor nach Schwabing, hinaus nach Neuhausen, hinauf auf den Gasteig. Er ist der erste, der seinen Münchnern sagt: jetzt schaut euch einmal eure Stadt von draußen an. Auch seine Wanderung um den Starnberger See ist vor allem Anregung, selbst einmal um den See herumzugehen. Damit werden diese Bücher zum Vorbild einer Welle, die gerade in den letzten Jahren sehr hoch geschlagen hat. Man denke nur an Titel wie: »Mit dem Auto wandern« – »Mit der S-Bahn wandern«. Alles Bücher, die Wissen vermitteln und zum Wandern anregen wollen.

Für Westenrieder verfolgen seine Bücher auch noch eine vaterländische, patriotische Absicht. Es ist damit auch der Wunsch nach bayerischer Selbstdarstellung verbunden, um eine historische und um eine, die seine Zeit betrifft. Nicht umsonst sagt er einmal in seinem Buch über den Starnberger See: »Ich entrichte meinem Vaterlande eine große Pflicht, in dem ich dem Ausland sage, was in selbem schön und herrlich ist«. Ausland ist damals alles, was nicht zum Kurfürstentum Bayern gehört, nämlich Franken und Schwaben, aber auch Berchtesgaden, Freising und Werdenfels.

Aber zurück zu der Pflicht, dem Ausland zu sagen, was in seinem Vaterlande »schön und herrlich ist«. Das wäre ja nun eine Pflicht, die wir heute auch noch hätten. Nur scheiden sich oft genug die Geister, was in jenem Vaterland noch schön und herrlich ist. Manche unserer Landsleute zelebrieren bayernbewußt stolz und mit geschwellter Brust ein Bild, das in den Augen manch anderer ein Zerrbild ist. Und so mancher patriotische Auftritt wird zur peinlichen Karikatur, so mancher Brauch, vom Fremdenverkehr mißbraucht, gerät zur Peinlichkeit. Der Bogen ist weit, er reicht von den noblen Formen, wie sie zum Beispiel bei einer Prozession im Isarwinkel sichtbar werden, bis hin zur beschämenden weißblauen Prostitution. Noch aber kennt man vor zweihundert Jahren diese Probleme nicht.

Westenrieder bleibt auch nicht allein mit seinen An- und Einsichten. Seine Arbeiten werden viel gelesen, sie regen die Leser dazu an, selbst zu entdecken. Im eigenen Land. Die Erforschung der eigenen Heimat wird weitgehend Mode. So machen sich neben Westenrieder auch andere Gelehrte auf den Weg, Land und Leute zu erforschen. Da ist der Ingolstädter Universitätsprofessor und Doktor der Theologie Franz von Paula Schrank und sein österreichischer Kollege Karl Ehrenbert von Moll – nicht zu vergessen der kurpfalz-baierische Landesdirectionsrath Joseph von Hazzi. Er ist der Sohn eines Maurers aus Abensberg, der Theologie studieren soll, abspringt und wohl gerade deshalb zu einem besonders hitzigen Aufklärer wird. Ihm

Bei der Fahnenweihe in Dießen 1949

verdanken wir ein besonders wichtiges Werk bayerischer Selbstdarstellung, nämlich die zwischen 1801 und 1806 erschienen *Statistischen Aufschlüsse über das Herzogthum Baiern*. In diesem Werk findet man nicht nur statistisches Material, Hazzi schreibt auch über Land und Leute, er schildert ihre Trachten, erzählt, wie die Menschen leben, von was sie leben, wie es um ihren Fleiß, um ihre Arbeit, um ihren Verdienst, um ihren Charakter bestellt ist. Ob sie zum Beispiel rauflustig sind oder nicht. Vom Gericht Tölz weiß er zu berichten: »… das Raufen ist nicht so im Schwung mehr wie vordem, nur in der hintern Ris… wird dann und wann gerauft; die Herausforderung dazu ist, wenn man zwischen zwei Federn eine Brennessel steckt«. Wenige Zeilen später heißt es: »Mit Wildpretschiessen beschäftigen sich viele.« Dies ist eine bayerische Selbstdarstellung, die sich mit dem allgemeinen Bild, das man sich außerhalb der weißblauen Grenzpfähle von Oberbayern auch heute noch macht, deckt.

Jede neue Entdeckung dieser Professoren wirkt fast wie eine Offenbarung, und in den sogenannten gebildeten Kreisen gehört es sich, diese Veröffentlichungen im Bücherschrank zu haben. Das Interesse an all diesen Dingen gehört zum guten Ton, und mit diesem Interesse wächst ein Markt für Bilder bayerischer Trachten. Damals, kurz vor der Wende vom 18. zum 19. Jahrhundert, werden sie wiederum von Johann Martin Will in Augsburg auf den Markt gebracht. Es sind köstliche kleine Kupferstiche, Radierungen, die Bauernleute aus Oberbayern zeigen und zwar bezeichnenderweise noch in der Tracht, die entlang der Amper getragen worden ist. Allein die Tatsache, daß ein Verleger bereits vor der Jahrhundertwende solche Blätter auf den Markt bringt, beweist, daß er auch einen Absatz dafür wittert. Verleger bringen nur Bücher und Graphik auf den Markt, von denen sie sich auch einen Verkauf versprechen. Fast schlagartig mit der Jahrhundertwende steigt dann das Interesse an solchen Bildern. Dazu kommt die Erfindung der Lithographie durch Alois Senefelder. Dadurch ist es möglich, solche Blätter billiger und farbig auf den Markt zu bringen. Das Sammeln der genannten Literatur, das Sammeln von Trachtenblättern hat damals übrigens nicht nur folkloristische Züge, sondern auch patriotische. In den ersten drei Jahrzehnten des 19. Jahrhunderts entstehen verhältnismäßig viele solche Blätter. Sie zeigen nun aber vornehmlich alpenländische Trachten aus dem Raum zwischen Loisach und Inn, denn dorthin sind mehr und mehr die Münchner Künstler gekommen. Ein paar Namen wenigstens: Da ist Ludwig Neureuther mit seinen Blättern; hierher gehört auch das große Werk *Baierische National-Costüme*, das Felix Joseph von Lipowsky herausgibt. Oder man denke an die hübschen Zeichnungen von Lorenz Quaglio, die für die Trachtenforschung von heute ausgesprochene Urkunden sind.

Nun gibt es damals wie heute nicht nur einen passiven Folklorismus, wie zum Beispiel das Sammeln und Aufhängen von Trachtenblättern – was, wie gesagt, auch patriotische Züge hat; es gibt auch einen organisierenden, einen aktiven. Dazu zählt beispielsweise die Wiederentdeckung der Pferderennen aus Anlaß der Hochzeit des Kronprinzen Ludwig, des späteren Königs Ludwig I. Zunächst will man damit einen alten Brauch aufgreifen, erneuern. Erst ein Jahr später nimmt sich der Landwirtschaftliche Verein dieses Brauches an, bedient sich seiner aus Gründen der Pferdezucht. Einen typischen Ausdruck des Folklorismus liefert der schon genannte Königliche wirkliche Zentralrat und Archivar der Ständeversammlung Lipowsky, als er beim ersten Oktoberfest 1810 in seiner Trachtenbegeisterung das kronprinzliche Brautpaar Ludwig und Therese mit neun Kinderpaaren überrascht, alle in den eigens für sie geschneiderten Trachten der neun bayerischen Kreise. Das ist auch eine Art Selbstdarstellung, jedenfalls ist es die erste bayerische Trachtenschau, von der wir wissen. Als dann das Brautpaar von 1810 Silberhochzeit feiert, das Oktoberfest also 25 Jahre alt wird, zieht ein großer Festzug durch die Landeshaupt- und Residenzstadt München, der zu einer eigenartigen Mischung zwischen Patriotismus, Folklorismus und Huldigung an das Königliche Haus, und endlich zum Ahnherrn des Münchner Oktoberfest Trachten- und Schützenzuges werden soll.

Was den Volksbrauch betrifft, so spielt er, bezogen auf das Bayernbild, noch keine Rolle. Noch ist er von diesen Anfechtungen, im allgemeinen jedenfalls, unberührt, weil man ihn nicht kennt. Man beginnt sich für Land und Leute zu interessieren, man geht nach der Lektüre der einschlägigen schon genannten Literatur selbst auf Entdeckung im eigenen Land. Sogar die Maler, denen bis jetzt frühestens in Trient oder in Verona die Augen aufgegangen sind, entdecken nun auch in Oberbayern malenswerte Motive. Diese Entwicklung setzt bereits um das Jahr 1800 ein. Sie malen und zeichnen Bauernhäuser und Bauernleute in ihren Trachten, aber sie malen zunächst keine Bräuche. Diese Maler werden nämlich zu den Wegbereitern des Fremdenverkehrs in Oberbayern, den man zunächst noch bescheiden Sommerfrische nennt. Und wie das Wort Sommerfrische sagt – man wandert, man reist im Sommer, im Hochsommer, und das ist gerade die Zeit, in der man keine Bräuche sehen und miterleben kann. Als man Anfang Juli hinausgewandert ist an den Schliersee, war die Fronleichnamsprozession schon vorbei, und zur Zeit des Almabtriebs, meist Ende September, sind unsere Maler längst wieder daheim.

Nun bedeutet das nicht, daß Bräuche gerade im ausgehenden 18. und den ersten Jahren des 19. Jahrhunderts nicht zur Kenntnis genommen worden wären. Die Aufklärung hat sich sehr für Bräuche, und da vor allem für kirchliche Bräuche, interessiert. Aber nicht, um sie zu erhalten und zu pflegen, sondern um Jagd auf sie zu machen. Schon in der zweiten Hälfte des 18. Jahrhunderts werden die kirchlichen Bräuche in Frage gestellt. Die Begründung ist ähnlich der, die um 1970 laut geworden ist: die Bräuche seien zu sehr Schau und Folklore.

Heute gesellt sich das schöne neuhochdeutsche Wort »sinnentleert« dazu und das Zauberwort »hinterfragen«. All diejenigen, die das Hinterfragen fordern, kommen sichtlich nicht auf den Gedanken, daß man endlos hinterfragen kann, weil hinter jeder Antwort eine neue Frage steht und weil zudem in Fragen der Religion eher der Glaube gefragt ist. Wenn man nämlich alles »derfragen« kann, wenn man folglich alles weiß, bliebe zum Glauben nichts mehr übrig.

Es ist damals ähnlich wie heute: Der Widerstand gegen diese barocküberschwenglichen Bräuche in der Kirche kommt zum Teil von außen. Er kommt aber vor allem von Vertretern der Kirche selbst; und das nicht ohne Grund. Aus so manchem Brauch war im Lauf der Zeit ein Mißbrauch geworden. Und man kann schon verstehen, daß kritische Stimmen laut geworden sind, wenn – wie zum Beispiel in Landshut geschehen – Ministranten am Palmsamstag mit dem hölzernen Palmesel von Haus zu Haus durch die Straßen gezogen sind und dem Palmesel den vom Metzger geschenkten Wurstkranz umgehängt haben; oder daß sie, je nach der Gabe der Großmutter, ihren Enkel eine längere oder kürzere Strecke haben aufsitzen lassen.

Die Kritik an kirchlichen Bräuchen, so berechtigt sie in vielen Fällen gewesen sein mag, schießt aber auch erheblich ins Kraut. Ich darf hier eine Schrift zitieren, die gerade heute recht interessant ist, in der kirchliche Bräuche übers Jahr attackiert und mit Kupferstichen entsprechend illustriert werden. In ihr finden wir zum Beispiel auch Angriffe auf die Fronleichnamsprozession. Da heißt es in der *Bildergalerie katholischer Mißbräuche* aus dem Jahre 1784 von der Zunft der Fleischerknechte, es »... versammelten sich Meister und Gesellen bei ihren Zunftfahnen. So eine Zunftfahne kostet öfters 5 bis 6 tausend Gulden. Sie waren alle aus Seidenstoff und reich mit Gold gewirkt. In der Mitte der Fahne sah man den Schutzpatron der Zunft, unter ihm das Handwerkszeichen – und so stand also auf der Fahne der Fleischhacker der Ochs unter dem Heiligen«. Dann wird räsoniert, jede solche Fahne hätte zehn bis zwölf Träger, und die wieder würden einen unerhörten Lärm machen. Über die Zunfttracht der Metzger läßt sich der Autor aus, »ihre Maske hätte für eine Redoute allerliebst ausgesehen – aber bei einer Fronleichnamsprozession?« Die ganze Ertrüstung ist herauszulesen.

Die Festlichkeit der Trachten stört den Autor dieses Büchls schon sehr. Zu dieser Zeit ist es Brauch – das muß man gerechterweise sagen –, die Prozession acht Tage lang zu wiederholen. Noch vor dem Ersten Weltkrieg war die Prozession an drei Tagen üblich: am Fronleichnamstag, am darauffolgenden Sonntag, und in der Oktav, also am Donnerstag der folgenden Woche. Noch heute gibt es die Prozession am Fronleichnamstag und am darauffolgenden Sonntag. Nun aber zum Kommentar unseres Aufklärers: »… daß man Leute, die wichtiger Geschäfte wegen durch die Gassen gehen und fahren müssen, den Weg mit Brettern verlegte, Wachs und Gras unnützerweise verschwendete, bei der Prozession der wohlerwürdigen Patres Franziskaner aus Schulbuben Engeln machte und das Hochwürdigste selbst durch ein achttägiges Spazierentragen profanierte«. Das sind Töne und Argumente, die uns heute gar nicht so fremd erscheinen. Gerade in den späten sechziger und Anfang der siebziger Jahre hat man sie noch öfter gehört. Ganz verstummt sind solche Reden aus den Reihen der Kirche auch heute nicht: das abwertende Wort von der Folkloreschau, vom Folklorerummel zum Beispiel. Besonders Prozessionen aus dem Isarwinkel werden mit dieser Wertung bedacht, einzig und allein, weil es hier noch ungebrochener Brauch ist, zur Fronleichnamsprozession die Hochfeiertagstracht anzulegen und nicht im Alltagsgewand zu gehen, nur weil die Gebirgsschützen diese Prozession begleiten.

Die deutlichste Kritik an der Festlichkeit kommt meist von denen, die von der festlichen Kleidung nichts wissen wollen, die sie für überflüssig und höchst unnötig halten, weil sie nicht zur Kenntnis nehmen wollen, daß ein Teil der so oft beschworenen Menschenwürde auch das Festefeiern ist und zum Festefeiern die festliche Kleidung gehört. Noch vor zwanzig – dreißig Jahren hat jeder ein »Sonntagsgwand« im Schrank gehabt; und heute: Freizeitkleidung. Noch schlampiger als wir es uns am Werktag leisten können.

Man muß in alten Zeitungsbänden aus dem Ende der sechziger Jahre blättern, in den Ausgaben nach dem Fronleichnamstag, da kann man an den Bildern die Entwicklung ablesen. Der Ministerpräsident, der Landtags- und Senatspräsident tragen noch den Cut. Man sieht aber auch Bilder, von denen man annehmen könnte, sie seien bei einer Demonstration von Studenten der Ludwigs-Maximilians-Universität für Ho Tschi Minh aufgenommen und nur versehentlich auf diese Seite geraten.

Es ist in diesem Zusammenhang nicht uninteressant, daß ich Mitte der siebziger Jahre wenige Tage nach der großen Fronleichnamsprozession von Seiten der Staatskanzlei angerufen und gefragt worden bin, wie man die Fronleichnamsprozession wieder festlicher gestalten könnte. Man hat sich sogar schon Gedanken gemacht, ob man nicht zum Beispiel Gebirgsschützen zur Prozession nach München einladen könnte, auf daß sie den Umgang festlicher machen. Genau das aber kann man nicht: denn die Gebirgsschützen gehören an diesem Tag in ihr Dorf, in ihren Ort, und sonst nirgends hin auf der Welt. Um eine Prozession wieder aufzuwerten, könnte man aber wieder Musikkapellen bitten mitzugehen und Prozessionsmärsche zu spielen. Und man könnte den Teilnehmern nahe legen, auch in ihrer Kleidung zu zeigen, daß diese Prozession für sie ein Fest ist, und das unabhängig von Tracht oder Mode.

Früher einmal ist die Münchner Prozession von der Königlichen Leibgarde der Hartschiere begleitet worden, und am Prozessionsweg sind die Soldaten der Münchner Regimenter Spalier gestanden. Nach dem Ersten Weltkrieg haben die Reichswehr oder die Bayerische Landespolizei das Allerheiligste unter dem Traghimmel begleitet, und nach dem Zweiten Weltkrieg hat man schließlich den Soldaten nahegelegt, nicht in Uniform teilzunehmen. Da kann man jetzt darüber denken wie man mag, nur eines kann man nicht: bedauern, daß das schmückende Bild fehlt. Tradition, die man heute abschafft, kann man nicht morgen wieder aufnehmen, wenn man dafür Verständnis finden will. Auf einer Wiese, die heute gemäht worden ist, kann man nicht morgen die Grashalme einzeln ankleben, auf daß sie wieder wie eine blühende Wiese aussieht. Man muß sie wachsen lassen; und genau so verhält es sich mit den Bräuchen auch.

Es ist heute Sitte, manchmal auch eine Unsitte geworden, Meinungsbefragungen durchzuführen und Zählungen, um daran das eigene Handeln auszurichten. Wenn man Vergleiche zwischen Prozessionen in Großstädten oder draußen im Isarwinkel anstellt, so hat sich in einem Fall viel verändert und im anderen wenig. In einer Zeit, in der die politische Demonstration so aufgewertet wird, sollte man aber den Sinn für eine Demonstration, ein Bekenntnis des Glaubens, nicht verlieren. Abgesehen davon, daß ich mich nicht umschaue, wie viele hinter mir dreingehen, wenn ich etwas um seiner selbst willen tue. Weil Fremde Freude an diesem Bild haben, weil sie kommen es anzuschauen, weil das Fernsehen kommt, auf der Suche nach dem Besonderen, deshalb wird eine Sache an sich doch nicht fragwürdig oder gar schlecht. Wenn der Teufel die Heilige Schrift liest, wird sie deshalb kaum Schaden nehmen. Im übrigen finden diese Prozessionen im Isarwinkel auch am Sonntag nach Fronleichnam statt, und da meist völlig ohne Zuschauer, weil die Fremden nichts davon wissen.

Diese Prozessionen sind mit eine der schönsten und würdigsten bayerischen Selbstdarstellungen. Die Begleitung des Allerheiligsten ist die Hauptaufgabe der Gebirgsschützen, seit eh und je. Die Gebirgsschützen haben hier noch eine wirkliche Funktion. Wäre die Fronleichnamsprozession nicht mehr, so hätten sie diese Funktion nicht mehr, dann würden sie zu einem Verein ohne

Prozession in Benediktbeuern; die Schützen dürfen noch keine Waffen tragen

Bei der Christophorusfahrt in Murnau
1949

Aufgabe. Und an diesem Beispiel zeigt sich, wie nahe kirchliche Probleme, wie eng bayerische Selbstdarstellung und Selbstdarstellung der Kirche verknüpft sind. Gute, noble bayerische Selbstdarstellung wird weitgehend im Brauch sichtbar, Brauch aber ist in einem hohen Maß Kirchenbrauch, oder wenigstens Brauch, der durch das Kirchenjahr geordnet und ausgelöst wird.

Zurück in das 19. Jahrhundert, zu dem großen Huldigungsfestzug anläßlich der Silberhochzeit König Ludwigs I., der zu einer großen patriotisch-folkloristischen Demonstration wird. Damals bereits überlegt man sich bei der hohen Obrigkeit, wie man dem Vordringen der bürgerlichen Allerweltsmode auf dem Land Einhalt gebieten könnte. Diesen Überlegungen entspringt ein Gedanke, der ohne Folklorismus, ohne die Absicht und den Wunsch nach einer bayerischen Selbstdarstellung wohl nie aufgekommen wäre. Das Oktoberfest bringt die meisten Menschen in die Stadt. Deshalb verlegt König Ludwig I. seit Jahren alle Festlichkeiten, die das Staats- und Stammesbewußtsein und das bayerische Nationalgefühl stärken könnten, auf die Tage des Oktoberfestes: Grundsteinlegungen, Denkmalenthüllungen, die Enthüllung der historischen Fresken im Hofgarten und so weiter.

Aus eben diesem Grund hat der bayerische Kronprinz, der spätere König Max II., 1842 auch im Oktober heiraten müssen, denn damals war das Oktoberfest wirklich im Oktober. Zu diesem Fest werden damals fünfunddreißig Brautpaare aus dem ganzen Königreich eingeladen, sie sollen zusammen mit dem bayerischen Kronprinzen Hochzeit feiern. Wirklich heiraten. Diese Brautpaare müssen genau festgelegte Bedingungen erfüllen: Sie müssen ihre unverfälschten heimischen Trachten tragen, und sie müssen all die Personen nach München mitbringen, die bei ihnen daheim zu einer richtigen Bauernhochzeit gehören – den Hochzeitslader zum Beispiel, oder den Brautführer, die Eltern von Braut und Bräutigam natürlich, die Ehrmutter, die Kranzlherrn und Kranzljungfern. Die ganze Stadt ist damals auf den Beinen, als am 16. Oktober 1842 die Brautpaare in einem großen Festzug in die Kirchen ziehen, die katholischen in die St. Michaels-Hofkirche, die evangelischen in die St. Matthäus-Hofkirche in der Sonnenstraße vor der Stadt. Die Königin als Hohenzollern-Prinzessin war ja evangelisch. Die Stadt muß schwarz von Menschen gewesen sein, unter ihnen Ludwig Steub, der darüber einen Bericht für die Augsburger Allgemeine Zeitung schreibt. Schließlich hat der gebildete Münchner die Augsburger Allgemeine gelesen. Steub ist begeistert. Und er lobt vor allem die Gebirgsschützenkompanie Wackersberg, sie macht einen besonderen Eindruck auf ihn: »...endlich kam der Zug, voraus ein Bannerträger mit der Fahne von München... und dann die Bergschützen von Lenggries und Wackersberg, über hundert Mann stark, mit ihren Spielleuten, welche die Schwegelpfeife bliesen und die Trommel rührten, prächtige Hochländer mit buschigen Schnurrbärten und roten Backen, in ruhig fester Haltung einherschreitend, mit grünen Röcken, den grünbebänderten Hut mit den Spielhahnfedern ... auf dem Haupt, den sicheren Stutzen im Arm«. Die ganze biedermeierliche Begeisterung kann man aus diesem Bericht herauslesen, herausspüren. Sind es bei den Schützen die roten Backen und buschigen Bärte, so sind es bei den Mädchen Gesichter wie Milch und Blut, die den Wunsch nach dem gesunden Landleben wecken. Und was den Bauernmädchen von 1840/50 das rote Lackpapier des Zichorienpackls war, mit dem sie sich die Backen rot gerieben haben, das ist für die Mädchen und Frauen von heute das Solarium.

Aber zurück zu Ludwig Steub und dem großen Festzug im Oktober 1842. Nach den Wackersberger Schützen folgen die fünfunddreißig Hochzeitszüge. »Die Brautleute erscheinen mit ihren Brautführern und Hochzeitsladern, den jugendlichen Kranzljungfern, mit dem Ehrvater, der Ehrmutter und den Gästen; alle zusammen an vierhundert Personen. Einzelne Genossenschaften waren zu Fuß, andere saßen in langen, reichverzierten Wagen, die von vier stolzen urkräftigen Rossen gezogen wurden. Da gab es viele wunderliche Trachten zu beschauen, die zum größten Teil noch jetzt im Ansehen sind, wenn auch hie und da mit lobenswertem Takt um einige Dezennien zurückgegriffen wurde, um alte funkelnde Prachtstücke, die jetzt aus der Übung gekommen, wieder glänzen zu lassen.«

Man hört hier schon etwas von der Bewunderung heraus, die der Zuschauer diesem Ereignis entgegenbringt; aber man liest hier auch zum erstenmal von der Fälschung, die sich dieser Selbstdarstellung zuliebe einschleicht: Man greift auf alte »funkelnde Prachtstücke« der Tracht zurück, weil einem die zeitgenössische entweder nicht dekorativ genug oder weil sie bereits abgelegt ist, weil die Allerweltsmode diesen Landstrich längst erreicht und erobert hat. Man ist bereit sich darzustellen, sich sehen zu lassen, aber eben mit den Korrekturen, die das Bild verschönern. Und das ist ein Zug, der sich von Mal zu Mal verstärkt.

Das Interesse an Trachten, und man kann sagen, das Interesse an oberbayerischen Trachten geht so weit, daß man sie nicht nur bewundert und bestaunt – bei solchen Festzügen zum Beispiel –, sondern daß man sie sogar übernimmt. So kostümieren sich in jenen Jahren die Damen der Gesellschaft mit oberbayerischen, mit Tegernseer oder Miesbacher Trachten, um sich darin malen zu lassen, wie zum Beispiel Lambertine Heß, eine Schwester des Malers Peter von Heß, die Frau des Architekten Friedrich von Gärtner. Es ist eine ähnliche Einstellung, wie wenn heutzutag bei Ferien auf dem Bauernhof die Urlauberin einmal in die Tracht der Bäuerin schlupfen darf, damit sie der Mann oder Freund zur Erinnerung photographiert. Hier trägt niemand Tracht, hier kostümiert man sich mit der Tracht.

Da lebt in der Nachkriegszeit in einem kleinen oberbayerischen Dorf eine alte Baronin, die mit Bedauern gesehen hat, daß immer weniger Bäuerinnen an den hohen Feiertagen ihre Tracht anlegen. Und weil sie meint, sie könne helfen und Beispiel sein, läßt sie sich eine Tracht machen und geht in dieser Tracht zur Kirche. Sie trägt eine tadellose Tracht ohne Schnickschnack, mit Schnurhut, aber sie handelt sich damit keine bewundernden Blicke ein, sondern verständnislose und Kopfschütteln. Auf das hin zieht sie diese Tracht nie mehr an. – Diese Baronin hat eine alte Hauserin, die längst schon ein Teil der Familie ist. Eines Tages nun kommt sie in deren Kammer und sieht in der offenen Truhe eine vollständige Tracht liegen. Da sagt sie zu ihr: »Jetzt hab'n Sie eine so schöne Tracht, warum ziehen Sie denn die nie an?« Antwort: »Weil i koa Bäuerin bin.« Wo nämlich die Bäuerinnentracht noch echt ist, ist sie eine Ständetracht; eine Tracht, die einer Bäuerin zusteht und sonst niemand. Die Hauserin hat ihre Tracht getragen, solang sie als Bauerndirndl daheim war. Sie hat ihre Tracht zwar aufbewahrt, aber abgelegt, als sie in einem städtischen Haushalt in Dienst getreten ist. – Diese Geschichte zeigt wohl am deutlichsten den Unterschied des Trachtenträgers alter Ordnung im Gegensatz zu dem Menschen, der sich mit einer Tracht kostümiert: Die Tracht alter Art ist an den Stand gebunden und nicht übertragbar.

Kehren wir noch einmal in die Zeit um 1840 zurück. Auch die Herren wenden sich der Tracht zu. So wird es in jenen Jahren üblich, daß die Herren der hohen und höchsten Gesellschaft eine Jagdkleidung tragen, die entweder der Oberländer Jägertracht nachempfunden und geschönt ist, wie die von König Max II., oder die von den Jägern übernommen ist, wie die seines Bruders, des Prinzen Luitpold, des späteren Prinzregenten. Es ist nicht die Bauerntracht, die hier zum Vorbild wird; es ist die Kleidung der Jäger, denn die Jagd hat sich hin zur Hochgebirgsjagd entwickelt. Die Parforcejagden gehören längst der Vergangenheit an. Die Tracht der Bauern war nämlich noch zu Beginn des 19. Jahrhunderts, wie wir aus Votivtafeln und anderen Bildquellen wissen, von einer Buntheit, von der wir uns heute gar keine Vorstellung mehr machen. Hier sei Ludwig Steub zitiert, der dann von der grauen Joppe erzählt, die etwa um 1830 ihren Siegeszug beginnt. Eigenartigerweise heißen diese Joppen damals nicht Miesbacher sondern Kochler Joppen, und das hat seinen Grund: »Kochlerjoppen heißen sie erst seit wenigen Jahren von einem Schneider von Kochel, der sie besonders billig fertigt und in großen Ladungen zu München verkauft.« Diese grauen Joppen hätten zwar ihr »Mutter-

haus« in der Gegend von Miesbach und Tegernsee, aber auch dorthin seien sie erst seit Menschengedenken gekommen, »…und zwar aus Tirol, aus dem Zillertale oder noch genauer scheint es eigentlich die Tracht der Duxer Hirten zu sein, welche durch die Tiroler Holzarbeiter herausgebracht wurde und wegen ihrer wunderbaren Einfachheit und ihres immerhin flotten Aussehens sich bei Arm und Reich schnell Anerkennung verschaffte«. Und zwar nicht nur bei den »Landleuten« sondern auch bei den »feinen Herren aus der Stadt«, den »Staatsdienstaspiranten«, den Malern und »Kupferstechern«. »Selbst vor den norddeutschen Augen hat sie Gnade gefunden und man sieht manchen Berliner Geheimrat, manchen Hamburger Bankier, der sich gleich nach den ersten Tagen, von dem Reize des Gewandes angezogen in eine Kochlerjoppe hüllt und stolz am Tegernsee hinwandelt, nicht ohne dabei sein frisch einstudiertes Schnaderhüpfel zu zirpen.« Die Geschichte von dem Norddeutschen, der zu einem Träger des Bayernbildes wird – den man bekanntlich zum Weinen bringt, wenn man ihm den Trachtenanzug nimmt –, hat also eine lange Vorgeschichte, mindestens bis um 1860, denn in dieser Zeit hat Ludwig Steub sein Buch herausgebracht. Über diese Joppen weiß er noch etwas Interessantes zu berichten: »Übrigens erhielt dieses ›Lodenhemd‹ – ›Hemad‹ hat man zur Joppe gesagt, und zum Hemd ›Pfoad‹ –«, welches in seiner tirolischen Heimat ohne Knöpfe und Halskragen getragen wird, erst auf bayerischem Boden seine volle Ausbildung. Hier erst setzten die Waidmänner den stehenden grünen Kragen auf das härene Gewand und waren so stolz auf diese bedeutsame Erfindung, daß sie den einfachen Landmann von deren Herrlichkeit ganz ausschließen wollten. Ja es war einmal ein jagdlustiger Landrichter…, der den Bauern den Gebrauch des grünen Kragens von amtswegen verbot und dem Hennenhansel von Egern, der sich vergebens auf die Befreiungskriege und seine constitutionellen Rechte berief, die angemaßte Zier mit eigener Hand vom Rocke schnitt.
In diesem Zusammenhang beklagt Ludwig Steub sehr, daß die Vielfalt der Trachten von dieser grauen Joppe verdrängt wird. Eine derartige Entwicklung wird natürlich durch die Tatsache beschleunigt, daß der König und sein Bruder, Prinz Luitpold, solch grau-grüne Joppen tragen, denn was bei Hof geschieht, übernimmt der Adel, was der Adel tut, wird auch für das gehobene Bürgertum zum Vorbild.
Das Interesse, das König Max II. all diesen patriotisch-folkloristischen Tendenzen und Fragen entgegenbringt, seine Beziehungen zu Volkstum und Volksleben, zu Volksbrauch, Volksmusik und Volkstracht gehen weit über die modischen Erscheinungen jener Jahre hinaus. Sie sind ihm, ohne Frage, eine Herzenssache. Ohne dieses Steckenpferd wäre ihm wohl nie der Gedanke gekommen, 1858 jene später so bekannt gewordene Fußreise

entlang der bayerischen Alpen von Lindau nach Berchtesgaden auch nur zu planen, geschweige denn auszuführen. Er will ja sein Volk in allen seinen Eigenarten kennenlernen. Zunächst beauftragt der Kronprinz Maximilian Joseph Friedrich Lentner, eine Ethnographie Bayerns zu schaffen als persönliches Informationsmaterial, auf daß er sich für seine Aufgabe als König gewissenhaft vorbereiten kann. Lentner sammelt fast besessen eine unglaubliche Fülle von Material und kann den Auftrag für Ober- und Niederbayern, für Schwaben und Teile der Oberpfalz erfüllen. Dann nimmt ihm 1852 der Tod die Feder aus der Hand. Viel zu früh, denn er ist erst 39 Jahre alt. Das muß man zutiefst bedauern, denn keine der Arbeiten seiner Nachfolger erreicht die Unmittelbarkeit der Lentnerschen *Ethnographien*, nicht zuletzt, weil keiner seine Doppelbegabung mitbringt, das Zeichnen und damit das Schauen, das Beobachten, und eine besondere Gabe des Schreibens.

In der Folge entsteht, angeregt nun durch den König, Maximilian II., ein ganz besonderes Werk bayerischer Selbstdarstellung. Das kann man, glaube ich, ruhig sagen, obwohl wirklich nicht nur Bayern unter den Autoren sind. Es ist die *Bavaria Landes- und Volkskunde des Königreichs Bayern.* Im Auftrag des Königs werden Berichte von den sogenannten Physikatsbezirken – sie entsprechen in etwa den Landkreisen vor der Gebietsreform 1972 – als Arbeitsunterlagen angefordert. Diese sogenannten Physikatsberichte fallen natürlich verschieden aus, gewissenhafter und ausführlicher, wenn der Referent an dem jeweiligen Thema interessiert oder zumindest pflichtbewußt, oberflächlicher und lückenhaft, wenn ihm das Thema gleichgültig ist. Dazu die vorbildlichen Arbeiten von Joseph Friedrich Lentner, der die Veröffentlichung nicht mehr erlebt, dessen Aufzeichnungen von dem später durch seine literarische Tätigkeit so bekannt gewordenen Felix Dahn benutzt und verarbeitet werden.

In den Bereich bayerischer Eigendarstellung gehört ja nun auch Volkslied und Volksmusik, in unserer Zeit mehr denn je. Hier muß man etwas zurückgreifen. Wie bereits angedeutet, besinnt man sich auf das Volkslied bereits im ausgehenden 18. Jahrhundert. Man möchte es veredeln zur Hebung von Sitte und Moral. Mit Hilfe von Zeitungen versucht man neue Lieder für die Bauern unter das Volk zu bringen. Das mißlingt, und das Volk bleibt bei seinen Liedern. Wir können heute nicht froh genug darüber sein. Wie wären diese alten Lieder sonst bis auf uns gekommen; was hätte es bei uns sonst noch zu sammeln gegeben? In der ersten Hälfte des 19. Jahrhunderts tauchen nun auch die ersten Sammler der ehedem verpönten Lieder auf, werden die ersten kleinen Liederbücher herausgegeben, die ersten Liederblätter veröffentlicht. Da sind zum Beispiel die größten Lithographien, die Eugen Napo-

Schuhplattler und Blasmusik: wie sich alle
Welt Bayern vorstellt

leon Neureuther zeichnet und schreibt, oder die sechsunddreißig Liederblätter, die Ulrich Halbreiter illustriert und herausgibt. Da ist ein kleines Liederheftl mit alpenländischen Volksliedern, gesammelt und herausgegeben von »H. M.«, von Herzog Max in Bayern.
Wilhelm Heinrich Riehl, der berühmte Nationalökonom und sozusagen der Begründer der Volkskunde, ein Rheinhesse von Geburt, ein Mann, der zum Freundeskreis von König Max II. gehört und an der berühmten Fußreise 1858 teilnimmt, schreibt von der Bevölkerung entlang der Alpen: »Wir reisten ja in einem Gebirg, welches so reich an Volksgesang ist wie kaum eine andere Gegend Deutschlands.« Die ersten, die in der Tracht hinausziehen in fremde Länder, um mit ihrer Tracht Geld zu machen, die damit aber auch in alle Länder eine Art Selbstdarstellung bringen, sind allerdings Volkssänger aus Tirol, aus dem Zillertal, unter ihnen die Geschwister Rainer. Aber bald kommen aus dem oberbayerischen Raum auch Sänger, ganze Familien, aus Berchtesgaden zum Beispiel die Musikerfamilie Graßl, vulgo Luegerer. Zunächst haben sie daheim gespielt, bei Hochzeiten, zum Tanzen; dann ist es hinausgegangen nach Salzburg, Reichenhall, Ischl. 1833 musizieren sie zum erstenmal in München. Ihre Fahrten führen sie bis Wien, wo sie vor der Kaiserin, vor Füstlichkeiten und in den ersten Gaststätten aufspielen. 1834 musizieren sie vor dem Bischof von Passau, von dort geht die Fahrt wieder hinunter nach Wien. Der Erfolg ermuntert sie zu einer Tournee bis Graz, Marburg, Klagenfurt, Laibach, Triest, und weil der Erfolg so groß ist, spielen sie anschließend in Venedig, Padua, Vicenza, Verona. Ein Jahr darauf kommen sie über Straßburg bis nach Metz, Nancy und endlich bis Paris. Der Anklang, den sie finden, läßt sich sicher nicht nur mit der Art ihres Musizierens erklären. Da spielt ohne Frage das Bild eine nicht zu unterschätzende Rolle, das Bayernbild, die Tracht, eine besondere, unverwechselbare Form der Werbung, denn das Alpenländische ist gefragt in einer, wie Steub einmal so schön schreibt, »alpenbedürftigen« Zeit.
Diese Hinwendung zur Volksmusik, richtiger zur alpenländischen, wird bei uns zu einem Teil bajuwarisch-folkloristischer Selbstdarstellung und bis hinein in höhere, auch bürgerliche Kreise fast zur Mode, zu einem Bekenntnis. Wir brauchen nur an den vorhin genannten Herzog Max in Bayern zu denken. Ein Wittelsbacher aus einer Nebenlinie, der genügend Vermögen hat, um gut auszukommen, der aber keine politischen Bürden tragen muß. Er ist also ein Privatmann, der eigentlich nur deshalb von sich reden macht, weil er bildhübsche Töchter hat, die er alle, weil sie bildsauber sind, brillant verheiratet. Eine, Elisabeth, wird Kaiserin von Österreich, eine, Marie, wird Königin von Neapel, eine dritte, Sophie, wäre beinahe Königin von Bayern geworden, wenn die Verlobung mit König Ludwig II. nicht auseinanderge-

gangen wäre; sie heiratet den Herzog von Alençon. Eine weitere Tochter, Helene, heiratet den Fürsten Taxis und wird zur reichsten Frau Bayerns. Und der Vater dieser vier trägt Tracht, die Lodenjoppe und den Stopselhut; und er hat eine Leidenschaft, das Zitherspiel. Nun würde man den Herzog falsch einordnen, wenn wir ihn uns nur in Stopselhut und Lodenjoppe vorstellen. Der Herzog ist eine elegante Erscheinung, er hat die besten Pferde im Stall, ist der Mode durchaus zugeneigt und trägt à la mode die modernste englische Kleidung. Gerade deshalb wird er auch zum gesellschaftlichen Vorbild. Eine königliche Hoheit, ein Herzog, der an allen Höfen Europas herumkommt, der Zither spielt, aus entsprechendem Anlaß die Lodenjoppe trägt, der ohne Frage ein Original ist, vermittelt ja auch eine Art bayerischer Selbstdarstellung, ein Bayernbild. Zudem macht er die Zither hoffähig und mit ihr auch das Interesse an Volkslied und Volksmusik. Es ist nicht von ungefähr, daß in dieser Zeit in Mittenwald mehr Zithern als Geigen gebaut werden, daß Zithern bis »ins Amerika« verschickt werden, daß in München bald jede höhere Tochter in die Saiten greift und je nach Begabung den Elfenchor aus dem Oberon »zithert« oder einen bescheidenen Landler. Das alles ist nicht allein mit der Alpenbegeisterung dieser Jahre erklärt, dazu kommt ohne Frage auch das gesellschaftliche Vorbild des Herzogs. Und das wieder ohne werbende Mittel, ohne Rundfunk, ohne Fernsehen, ohne Presse, ohne Illustrierte. Die Liebhaberei des Herzogs springt sogar über auf seinen Neffen, auf König Max II. So kommt es, daß der König seinem Volk, dem alpenländisch altbairischen Volk, ein Liederbuch schenken will. Franz von Kobell stellt es zusammen, Arthur von Ramberg illustriert es, der Verlag Braun und Schneider verlegt es und gedacht ist es, wie der König einmal schreibt, für »sangesfreudige Landeskinder«. Verschenkt wird es während der Fußreise des Königs von Lindau nach Berchtesgaden 1858.

Wenn ich an jenen eben genannten Franz von Kobell denke, den Neffen des berühmten Malers Wilhelm von Kobell, den Mineralogen, Mundartdichter und leidenschaftlichen Jäger, dann sehe ich ihn immer, wie auf einem alten Photo, in der Jäger- und Lodenjoppe. Von dieser Joppe führt ein direkter Weg nahtlos bis in unsere Zeit. Auch die Kleidung gehört, wie schon angedeutet, zur bayerischen Selbstdarstellung, auch Kleidung ist ein Stück landsmannschaftliches Bekenntnis. Eingangs war davon die Rede, daß bei den »Bauernhochzeiten«, den Faschingsvergnügungen am kurbairischen Hof im 18. Jahrhundert, Bauerntracht getragen worden ist. Allerdings Tracht als Kostüm im Sinn des Kostümierens. Mit dem Wandel der Jagd, von der höfischen Parforcejagd hin zu der Jagd, wie man sie ja auch heute noch betreibt, hat sich auch die Kleidung geändert. Mit diesem Wandel findet die jagerische Kleidung in der hohen Gesellschaft Eingang. Der König trägt Tracht, folglich auch der

Adel, und schließlich wird der Adel vom Bürger kopiert. Aus der Zeit Max II. lassen sich genügend Beispiele nennen.

In Österreich gibt es ja eine ähnliche Entwicklung. Der habsburgische Hof ist für den Adel nach wie vor tonangebend; zudem wird und bleibt für den Wiener Hof und den österreichischen Adel Erzherzog Johann Vorbild. Wobei der Vergleich etwas hinkt. Was nämlich bei uns etwas zufällig und verspielt ist, ist bei einem Erzherzog Johann ein erzieherisch durchdachtes Programm. Um Schulen, um wirtschaftlichen Aufbau hat er sich gekümmert, und ganz gezielt um das Volkslied, um Tracht und Brauch. Nicht von ungefähr war die Livree seiner Diener die steirische Tracht.

Nun gehen nicht nur die Herren der höchsten Gesellschaft auf die Jagd, sondern auch die Damen. Auch sie kopieren in ihrer Kleidung die Jäger. So wird aus einer ausgesprochenen Jägerkleidung ein Stück Damenmode. Es ist die Geburtsstunde des Loden- und Trachtenkostüms, das zunächst von den Damen des Adels nur zur Jagd getragen wird und erst später allgemeinere Verbreitung findet, und hier ist das Kostüm als Kleidungsstück gemeint, nicht Kostüm im Sinne des Verkleidens. Das Loden- oder Trachtenkostüm hat man bei der orginalen Tracht nie gekannt. Die Bäuerin hat eine eigene, je nach Gegend verschiedene Tracht gehabt, kein Kostüm. Und gerade dieses Kostüm aber ist heute, im Zeitalter der Folklore, ein Stück alpenländisch-bayerischen Sich-Herzeigens geworden. Sich in diesem Kostüm zeigen, ist den Einheimischen vorbehalten und denen, die sich gerne dazu zählen würden.

Dieser Einfluß – jetzt im geschmacklich ausgesprochen guten Sinn – reicht bis in unser Jahrhundert, bis in unsere Zeit, bis in die Jahre nach dem Zweiten Weltkrieg, wo Kreuth im Tegernseer Tal einen erheblichen Einfluß ausübt. Hier hat Herzog Ludwig Wilhelm, ein Enkel jenes Herzog Max, seinen Wohnsitz, er trägt Tracht, der Adel kopiert ihn, seine Jäger kopieren ihn, deren Frauen ebenfalls, von den Jägern und deren Frauen übernehmen es die Bauern und die Bäuerinnen des Tegernseer Tales, die Tegernseer Bürger. Eine Erneuerung, die ein leutscheuer, sehr zurückgezogen lebender Mann auslöst und die ungewollt bis in die Welt der Mode reicht. Allein darüber gäbe es eine Menge zu erzählen, aber das würde uns hier doch etwas zu weit wegführen. Es sei nur angedeutet, damit deutlich wird, wie weit der Folklorismus zurückreicht, wie weit er andererseits wieder in unsere Zeit hineinreicht. Eben wirklich bis in unsere Tage.

Aber jetzt eine andere Frage.

Wir haben festgestellt, daß es eine sichtbare und hörbare bayerische Selbstdarstellung gibt auf dem Gebiet der Tracht, bei Volkslied und Volksmusik, bei Volksbrauch und, nicht zu vergessen, beim Volkstanz. Welche Art Selbstdarstellung ist nun echt, zeigt Bayern in einer Form, wie wir es gerne gesehen haben möchten? Welche Darstellung ist falsch, ist, mit Verlaub gesagt, bereits ein Stück Prostitution? Ist nicht vielleicht so manches, was einem Heimatpfleger nicht so recht gefallen will, in Wirklichkeit viel echter, als das, woran er Gefallen findet?

Wie steht es beispielsweise um den Brauch? Nicht jeder Brauch, der organisiert ist, muß deswegen schon unecht sein. Eine Prozession oder eine Hochzeit beispielsweise kommen ohne ordnende Hand gar nicht aus. Andererseits aber sind viele Bräuche, die organisiert sind, fragwürdig geworden. Die Weihnachtsschützen in Berchtesgaden sind ohne Organisation heute nicht mehr denkbar. Sie üben aber einen Brauch aus, der trotz seiner gewaltigen akustischen Ausmaße von Fremden nicht zur Kenntnis genommen wird. Wenn sie in der Weihnachts- oder Neujahrsnacht schießen, schaut kaum ein Fremder zu. Das Schellenrühren am »Unsinnigen Donnerstag« in Mittenwald ist bis 1960/70 von den Fremden kaum zur Kenntnis genommen worden. Heute ist das anders. Es gibt noch so manche Leonhardifahrt, zu der kaum ein Fremder kommt. Ein echter Brauch, bei dem niemand nach dem Fremden schielt. Da gibt es aber auch das Beispiel Tölz, mit all den Begleiterscheinungen, die einen stutzig und mißtrauisch machen könnten: die Plakatierung, die seitenlange Werbung der Tölzer Geschäftsleute in der Tagespresse schon 14 Tage vorher, der Sonderzug, die Omnibusse, das Festabzeichen, ein Schaufenster zum Beispiel, in dem doch tatsächlich das Gebetbuch und der Rosenkranz der Urgroßmutter neben dem Büstenhalter liegen. Es hat sogar schon einmal die Unsitte gegeben, Guatl und Bonbons auf die Wagen zu werfen. Aber es gibt noch immer Bäuerinnen, die diese Fahrt als eine Wallfahrt empfinden, die sogar allem Rummel zum Trotz beten. Und zu einem Gebet in der Öffentlichkeit, noch dazu angesichts der Massen neugieriger Zuschauer, gehört heute mehr Mut als zu einer politischen Demonstration. Und wenn so eine Leonhardifahrt trotz aller unerfreulichen Begleiterscheinungen noch die Note »echt« verdient, dann verdankt sie das vor allem eben solchen Frauen.

Vielleicht ist bei dem Übergang vom echten Brauch zum gespielten, zum »sinnentleerten«, das Festabzeichen ein gewisser Gradmesser, der hellhörig machen sollte. Freilich sind auch hier, wie so oft, die Grenzen fließend, wie es das Beispiel Tölz zeigt. Zunächst einmal ist das Festabzeichen der Beweis dafür, daß der Brauchträger nicht mehr so ohne weiteres bereit ist, die Unkosten für einen Brauch selbst zu tragen. Es gibt sicher längst Fälle, wo einkalkuliert ist, für was man den Reinerlös verwendet.

Aber es gibt auch gute Gründe für das Festabzeichen. Wir leben ja in einer Zeit, in der immer weniger Menschen bereit sind, sich eine Arbeit für ein Fest zu machen. Die gleichen Menschen wollen aber andererseits Festlichkeit erleben. Was tun sie? Sie hören sich im Rundfunk das Schwarze Brett an, sie lesen in der Tageszeitung den Kulturkalender, und dann fahren sie zu denen, die noch um das Festefeiern wissen. Wenn dann die, die sich für ein Fest Arbeit machen, nicht auf den Gedanken kämen, diese Zaungäste mit Hilfe eines Festabzeichens zur Kasse zu bitten, wäre das fast ein Zeichen mangelnder Intelligenz.

Aber es gibt natürlich auch die anderen Beispiele, die fragwürdigen, die mehr als fragwürdigen. Ich brauche zum Beispiel nur an die Tresterer zu denken, sogenannte schöne Perchten aus dem Salzburgischen, die bereits um 1900 nicht mehr durch die Dörfer laufen, dafür aber in den Wirtshäusern Vorstellungen geben. Diese Tresterer, diese schönen Perchten, sind einst einmal am Vorabend von Dreikönig von Haus zu Haus gelaufen, und nur weil sie Eindruck machen, weil sie »folkloristisch« sind, werden sie – während der Adventszeit – auf die Bühne des Salzburger Adventssingens geholt. Sie haben aber mit dem Advent nie etwas zu tun gehabt. Und da beginnen nun die Ungereimtheiten einer sogenannten Volkstumspflege.

Der Tanz eignet sich natürlich besonders gut für Selbstdarstellung. Der Tanz, einst vor langer Zeit einmal Kulttanz, war außerhalb der Zunfttänze ein Teil der bäuerlichen, auch bürgerlichen und höfischen Unterhaltung geworden. Mit dem Aufkommen der Trachtenvereine im ausgehenden 19. Jahrhundert wird aus dem eigentlichen Volkstanz sehr bald ein Schautanz, eine der wenigen Möglichkeiten, mit der diese Vereine auf sich aufmerksam machen, mit der sie für sich werben, mit der sie sich selbst darstellen können. Bayerische Tracht, verbunden mit Tanz und Musik, gibt dann natürlich eine besonders wirksame bayerische Selbstdarstellung. Das Bild vom gamsbartbewehrten, lederbehosten, schuhplattelnden Bayern ist ja weltweit ein Begriff. Diese Tänze kann man in sehr traditionellen, teilweise sogar sehr noblen Formen erleben, leider aber auch in gewaltigen Entgleisungen. Das Bayernbild ist sicher auch eine Geschmacksfrage, und über Geschmack kann man nicht streiten.

Diese Rede aber ist falsch: über Geschmack kann man wohl streiten, daß die Fetzen fliegen. Man denke nur an den Watschentanz, einst sehr verbreitet, von den Trachtenvereinen unterdessen geächtet, trotzdem nicht ausgestorben. Da fällt mir die offizielle Veranstaltung der Landeshauptstadt München anläßlich der Eröffnung der Weltpuppenfestspiele 1966 im großen Saal des Künstlerhauses ein. Da haben die damaligen Herren des Kulturreferates den

Trachtenverein »König Ludwig-Stamm-
Schloß Berg«, um 1950

gloriosen Einfall gehabt, eine Schuhplattlergruppe aus dem Chiemgau einzuladen. Und diese hat sich – wie zu erwarten – mit dem Holzhackertanz produziert. Man kennt das Bild: Vier junge Burschen, die um einen liegenden Baumstamm herumtanzen, schuhplatteln, dann immer wieder zu diesem Baumstamm sausen, um im Rhythmus der Musik zu sägen oder im Takt der Musik mit Hacken auf ihn einzuschlagen. So ist es damals im Künstlerhaus geschehen. Die Holzschoten sind bis in die ersten Tischreihen geflogen, um den ausländischen Gästen entsprechend klarzumachen, wie urig, kerngesund und kraftvoll-unverdorben diese Bayern doch sind.

Das ist jene Form der bayerischen Selbstdarstellung, die einem Heimatpfleger eine ausgesprochene »Freude« macht. Aber dies ist ja leider kein Einzelfall. In den fünfziger Jahren reist ein nicht unbekannter Landsmann von uns im Auftrag des Auswärtigen Amtes in Zusammenarbeit mit dem Goethe-Institut mit Schuhplattlern und Jodlerinnen vom Münchner Platzl nach Indien, um dort und damit für die Bundesrepublik zu werben.

Ein anderer Fall: Es mag um die Mitte der siebziger Jahre gewesen sein, da hat man in Berchtesgaden den genialen Einfall gehabt, im Sultanat Oman für das Land zu Füßen des Watzmann zu werben. Berchtesgadener Trachtengruppen haben im Auftrag des Auswärtigen Amtes und in Zusammenarbeit mit dem Zweiten Deutschen Fernsehen vor dem Sultan von Oman im Hilton-Hotel watschengeplattelt und sicher auch ihre Urschreie losgelassen, um bayerische Originalität zu vermitteln. Die Reise scheint als voller Erfolg verbucht worden zu sein, denn ein Jahr später ging es in die gleiche Richtung, diesmal in ein anderes Sultanat oder Emirat.

Noch ein Fall: Große Bayernausstellung in Moskau: Nur weil die Stadtverwaltung Moskau den Baumstamm nicht hergebracht hat, ist aus dem Holzhackertanz nichts geworden.

Diese Beispiele lassen sich fast endlos aneinanderreihen. Da heißt es oft, es seien die Geschäftemacher, die dieses Zerrbild, diese Fälschung für Geld im Ausland verkaufen, die »Verräter« in unseren Reihen. Das Gegenteil ist meist der Fall. Da nehmen Landsleut eigens Urlaub, in der vollen Überzeugung, eine patriotische Tat zu vollbringen. Sicher, sie kommen dabei einmal in Länder, in die sie sonst nie im Leben kommen würden. Aber was verdienen sie dabei? Herzlich wenig! Es ist vor allem der Stolz, ihre Heimat vertreten, herzeigen zu dürfen. Über Geschmack kann man eben doch streiten. – Kann man unseren Landsleuten, die sich für eine solche Selbstdarstellung hergeben, große Vorwürfe machen? Wenn sie nämlich heimkommen, erwartet sie schon ein Brief des Auswärtigen Amtes in Bonn, in dem neuhochdeutsch drinsteht, daß sie »gut angekommen« sind. Da müssen sie ja an ihre »patriotische Tat« glauben. Niemand will auf die Werbewirksamkeit des Bayernbildes verzichten, auch oder schon gar nicht, wenn man die Olympiade bekommen möchte. Da mag es einem gar nicht so recht gefallen, wenn sich Mannsbilder in der Tracht mit Kerzen in den Händen photographieren lassen, als wären sie auf einer Wallfahrt für diese Sache; und wenn dann gar eine Trachtenträgerin ein Haarkranz schmückt, an dessen Echtheit einem schon Zweifel kommen können. All diese Erscheinungen lassen sich sichtlich nicht ändern. Wir brauchen uns folglich auch nicht darüber zu wundern, wenn man uns in aller Welt als ewig fensterlnde, schuhplattelnde, raufende, wildernde Urnaturen sieht, auf deren Hüten der Adlerflaum weht und der Gamsbart schwankt – und das alles am besten zu Füßen von Neuschwanstein. Nur eines braucht man hierzulande dann nicht, über die »Preissn« schimpfen, die uns so sehen. Das Bild liefern unsere Landsleute, die anderen glauben es nur.

Immer, wenn etwas im Verschwinden begriffen ist, besinnt man sich darauf und überlegt, wie man es bewahren, wie man es erhalten könnte. Das war auch mit der Tracht so. Ohne Frage hat das Vorbild des Prinzregenten gewirkt, der Landesherr in der Tracht war dem Volk so selbstverständlich, daß er sogar in Lodenjoppe und Trachtenhut auf bayerischen Briefmarken dargestellt worden ist. Er gibt Beispiel in einer Zeit, in der die Bauern sonst ihrer Tracht untreu werden, und es ist vielleicht typisch, daß gerade die Gebiete, wo der Regent auf die Jagd geht, identisch mit den Gebieten sind, in denen sich Trachten – auch außerhalb von Vereinen – bis in unsere Zeit erhalten haben: Isarwinkel, Berchtesgadener Land, das Hintersteiner Tal im Allgäu, wo die Bevölkerung sogar die sichtlich »prinzregentliche Kleidung« übernimmt. Das mag daran liegen, daß es dem Regenten gelungen ist, in jedem Kleidungsstück selbstverständlich zu wirken und in keinem lächerlich – in der Generalsuniform und im Gehrock ebenso wenig wie in der Lodenjoppe und der Lederhose.

Allen diesen Beispielen zum Trotz verschwindet in weiten Gebieten, auch in Oberbayern, die Tracht, und im Gegenzug entstehen ab 1883 die ersten Trachtenerhaltungsvereine. Sie erneuern ihre Tracht sichtbar, passen sie ihrer Zeit an, und das ist wohl auch das Geheimnis ihres Erfolges, des unglaublichen Zulaufes, den sie bekommen. So übernehmen sie auf ihren Lederhosen nicht die alten Steppmuster mit weißem Faden, sie bedienen sich vielmehr der nun aufkommenden grünen Blattstickerei. Waren die Steppmuster auf den Lederhosen abstrakt, Ranken und Bögen, so wird es nun das Eichenblatt, die Eichel, die Gams. Wenn man sich die Photographie des Lehrers Vogel, des Gründers des ersten Trachtenvereins, ansieht, dann trägt er noch nicht die Miesbacher Joppe, wie wir sie heute kennen; er trägt vielmehr eine hellgraue Joppe mit grünem Umlegkragen, halb militärischer Waffenrock, halb Jagduniform. Da mag einem dann einfallen, was der Ludwig Steub zu diesem Thema geschrieben hat.

Der Gedanke der Trachtenerhaltung tritt einen Siegeszug ohnegleichen an. Überall entstehen Vereine, nicht nur auf dem Land, auch in den Städten, getragen von Menschen, die ihre Heimat nicht vergessen haben, die ihr sichtbar, heute würde man sagen demonstrativ, die Treue halten wollen. Sie tragen Bauerntracht und sind selbst längst Arbeiter oder Angestellte. Diese Vereine bringen bayerische Selbstdarstellung bis nach Wanne-Eickel und bis »ins« Amerika, nach Denver oder nach Milwaukee. Man muß sich einmal vorstellen, wie stark die Sehnsucht nach dem Vergangenen – heute würden wir Nostalgie dazu sagen – gewesen sein muß, um eine solche Welle auszulösen; auch hier wieder ohne den werbenden Rundfunk, ohne das Fernsehen, ohne Illustrierte. Und es ist gar keine Frage, daß es die Trachtenvereine waren, die all die Zeiten hindurch den Gedanken der Trachtenerhaltung hochgehalten haben.

Nun aber geschieht etwas Eigenartiges. Man erkennt, daß die Tracht so lang »echt«, so lang lebendig ist, so lange sie sich ändert. Unsere Trachten aber ändern sich, von Ausnahmen abgesehen, nicht mehr. Deshalb gibt es Kreise, die glauben, Trachten könne man erneuern. Gerade in der Zeit nach dem Zweiten Weltkrieg, nach dem Tausendjährigen Reich, als der Alpdruck weicht und weißblaues Selbstbewußtsein und Selbstverständnis wächst, gibt es mehrere Bemühungen in dieser Richtung: in Dachau zum Beispiel oder in Wasserburg. Bürger und Bürgerinnen, Bürgermeister, Landräte ziehen diese nun unter Berücksichtigung regionaler Traditionen entworfenen neuen Trachten an; in der Hoffnung, der bäuerlichen Bevölkerung Vorbild zu werden, den Sinn für Trachten wieder zu wecken. Aber sie finden in der Bevölkerung keine sonderliche Resonanz, denn sie sind dem Bauern längst kein soziales Vorbild mehr; nur wenige sind bereit, es ihnen gleich zu tun. Der Bauer nimmt diese Trachten nicht an. Für ihn ist der neueste Prospekt des Kaufhauses in der nächsten Kreisstadt viel interessanter.

Diese Bemühungen, so berechtigt sie sein mögen, gehen damals am Leben etwas vorbei. Tracht ist halt zunächst doch Ständetracht gewesen, die Tracht der Zünfte, der Wirte, der Bauern. In zweiter Linie natürlich auch Tracht eines bestimmten Landstrichs. Und da nun stellt sich die Frage: kann sich die alte Tracht, ursprünglich Ständetracht, in einer Zeit erhalten, in der die ständische Ordnung zugrundegeht? – Da gibt es eine klare Antwort: Das kann sie nicht. Es stellt sich eine weitere Frage: Ist damit der Tracht alter Ordnung das Todesurteil gesprochen? – In der alten Form, in den alten Bezügen des Menschen zu seiner Kleidung – ohne Frage: ja.

Gehört die Selbstverständlichkeit, in und mit der Kleidung den eigenen Stand sichtbar zu machen – von Ausnahmen bei einigen Bäuerinnen abgesehen – der Vergangenheit an, so hat andererseits das Bedürfnis, mit seinem G'wand sichtbar zu machen, woher man kommt, deutlich zugenommen. Der Wunsch zu zeigen, ich bin von da oder dort her, besteht mehr denn je, sonst gäbe es keine Trachten-Herren- und Damenkonfektion, die einen beachtlichen Marktanteil hat. Tracht ist nicht mehr Ständekleidung, aber sie kann aussagen, woher im komme; und das will ich zeigen, und damit wird diese Art Tracht fast zu einem Bekenntnis, zum Ausdruck einer Gesinnung. Daß diese »Tracht« geschmacklich oft genug etwas angefochten werden kann, ist unter diesem Blickwinkel zweitrangig. Daß allerdings, was die Echtheit dieser Trachten betrifft, einiges fragwürdig ist und ein positiver Einfluß gut täte, ist keine Frage.

War der Wunsch nach Miesbacher, Werdenfelser, Chiemgauer Trachten gerade bei Musikkapellen seit Jahrzehnten ungebrochen, auch und vor allem in Gegenden, in denen alpenländische, alpenvorländische Traditionen gar nicht daheim waren, so macht sich seit etwa Mitte der siebziger Jahre, zunächst langsam, von Jahr zu Jahr vermehrt, eine Rückbesinnung auf eigene Traditionen bemerkbar. Haben ehedem die Gamsbärte und Adlerflaume nicht groß und gleich genug sein können, so taucht jetzt der Wunsch nach einer Tracht auf, an der die Traditionen der eigenen Heimat ablesbar sind. Das hat mit der Einkleidung von Jugendmusikkapellen seinen Anfang genommen, Schützenvereine, Gesangsvereine sind dazugekommen, heute reicht dieser Wunsch bis in den privaten Bereich.

Es wird ja immer wieder die Frage gestellt, ob man so eine Tendenz steuern, ob man sie nicht sogar auslösen kann. Das kann man nicht. Das ist meine Erfahrung, seit Anfang der fünfziger Jahre. Man kann nicht wie ein Apostel durch das Land ziehen und die reine Lehre verkünden. Damit handelt man sich nur Widerstand, im glücklicheren Fall den Ruf eines Kauzes ein. Ganz abgesehen von diesem Problem: kann die Miesbacher Tracht, in einem Verein irgendwo in Niederbayern oder Franken, in der dritten, vielleicht sogar vierten Generation getragen, falsch sein? Vor allem, wenn sich nur wieder ein Verein umkleidet? Würde nicht vielmehr, so diese Tracht nicht nur ein Verein übernommen hätte, sondern die Allgemeinheit, die Volkskunde ganz trocken feststellen: in diesen und jenen Jahren hat sich ganz allgemein die Miesbacher Tracht durchgesetzt? Es sind Fragen über Fragen, die jede Generation etwas anders beurteilen und beantworten mag. Fest steht nur: der Wunsch nach einer erneuerten Tracht muß aus der Bevölkerung kommen; und wenn er kommt, sollte man mit bestem Wissen und Gewissen helfen.

Es gäbe noch einiges, was in den Bereich des Bayernbildes gehört. Man denke zum Beispiel auch an die Baukultur, in diesem Fall vielleicht weniger an alte Städte als an Dörfer, Kirchen und Zwiebeltürme, Maibäume. Wie ist man mit diesen Werten bei uns in den letzten Jahrzehnten umgegangen? Wie fortschrittsgläubig, wie bausparkassengläubig ist man sogar in weiten Teilen des so viel gepriesenen Oberbayern gewesen! In manchen Gegenden, auch Oberbayerns, stehen Dörfer, an denen sich nicht mehr ablesen läßt, wo man ist. Hier hat das »Bayernbild« massive Sprünge bekommen. Es ist halt wie so oft auch hier: 90 Prozent müssen zerstört sein, ehe sich die Allgemeinheit bewußt wird, ehe ein Abgeordneter bereit ist, einem Gesetz – in diesem Fall einem Denkmalschutzgesetz – zuzustimmen, das ihm nicht nur Freunde bringt. Aber das wäre ein eigenes abendfüllendes Thema.

Noch zu einem anderen Thema, zu Musik und Sprache. Ganz abgesehen von der Tatsache, daß man einem Bayern auch im Frack begegnen kann, bei Richard Strauß zum Beispiel oder Carl Orff, so möchte ich mich doch auf Volkslied und Volksmusik in der Beziehung zum Brauch beschränken. Nicht vom Koloraturjodler à la Platzl soll die Rede sein, sondern von überliefertem Liedgut. Da ist die Sammeltätigkeit eines Kiem Pauli, den ein Ludwig Thoma zu dieser Arbeit anregt, dem die Wittelsbacher diese Arbeit möglich machen, mit deren Hilfe er das Volkslied wieder zu neuen Höhen bringt. Dazu verhilft natürlich auch der Rundfunk, ohne den diese Breitenwirkung bis hinein in die Familien nicht möglich gewesen wäre. Wir können heute mit gutem Gewissen sagen: so viel und vor allem so gute Lieder, so gute Volksmusik ist wohl noch nie gesungen und gespielt worden wie um 1970/80. Unterdessen fehlt es im Gegensatz zum Musizieren bei Sängergruppen erheblich an Nachwuchs. Musik und Lied sind schließlich auch ein Stück bayerische Selbstdarstellung. Man braucht nur in das Schallplattengeschäft zu schauen. Daß es auch hier eine wohltuende Selbstdarstellung gibt und eine andere, die einem die Schamröte ins Gesicht treibt, braucht man nicht eigens zu betonen. Nun ist Volksmusik nicht nur in der Verbindung mit allgemeiner Unterhaltung zu sehen oder mit Kirchweihtanz. Sie ist nach dem Zweiten Weltkrieg eine Verbindung mit dem Brauch eingegangen, das heißt, es ist durch die Wiederentdeckung von Volksmusik und Volkslied ein Brauch entstanden, der vorher unbekannt war. Und hier besteht wieder einmal, wie so oft, ein unmittelbarer Zusammenhang zwischen bayerischer Selbstdarstellung und Selbstdarstellung der Kirche. Es sind die Adventsingen, und in der Folge die Passions- und Mariensingen, die es vor dem Zweiten Weltkrieg nicht gegeben hat, die heute längst ein Stück Brauch, zum Teil natürlich auch Mißbrauch geworden sind. Das erste Adventsingen in München war 1946 in der großen Aula der Universität, dem einzigen größeren Raum, der noch ein Dach gehabt hat. Und wer könnte die Adventsingen in der Ruine der Hofkapelle der Münchner Residenz vergessen! Eine Ruine, durch die der Wind gepfiffen hat wie im Stall zu Bethlehem. Dann kommt das Adventsingen in Salzburg auf, macht mehr und mehr von sich reden.

Mit dem Brauch kommt aber auch, wie gesagt, der Mißbrauch. Mißbrauch ist schließlich auch eine Form von Brauch. Dazu folgende Geschichte: Eine Volksmusikgruppe in Tölz wird gebeten, am Heiligen Abend in einem Dorf in der Nähe zur Christmette zu spielen. Es stellt sich dann aber heraus, daß sie nicht zur Christmette selbst musizieren sollen, sondern vorher, weil in der Kirche ein begabter Landsmann vor dem Gottesdienst die *Heilige Nacht* von Ludwig Thoma liest. Ein anderes Beispiel: In einer berühmten Klosterkirche kommt es zu einem Adventsingen von zwei bis drei Stunden, bei dem alte barocke Texte von Laien gelesen werden. In beiden Fällen: der Einbruch der Literatur in die Kirche, Literatur dort, wo Andacht angebrachter wäre.

In diesem Zusammenhang seien doch einige Beispiele genannt, weil sich an ihnen aufzeigen läßt, wie nahe Kirche und Brauch und damit auch bayerische Selbstdarstellung beieinander liegen; wie aus dem einen oder anderen Adventsingen ein Brauch geworden, wie andere aber Vorstellungen geblieben sind. Über diese Probleme hat man sich schon 1962 anläßlich des Domberg-Singens in Freising den Kopf zerbrochen. Damals hat ein katholischer Geistlicher gemeint, die Geistlichkeit sollte sich doch im Rahmen von Gottesdienst und Andacht der Volksmusik mehr annehmen. Richtig: Sie sollte sich nicht nur darum annehmen; sie muß sich darum annehmen in einer Zeit, in der Pseudogottesdienst in die Festspielhäuser und Konzertsäle getragen wird. Tausende und Abertausende von Menschen fahren Jahr für Jahr nach Salzburg zum Adventsingen. Dieses Adventsingen ist fast einer Wallfahrt zu vergleichen, vergleichbar der Wallfahrt eingefleischter Wagnerianer auf den Grünen Hügel in Bayreuth. Wenn am Ende des Singens die Besucher im Festspielhaus aufstehen und gemeinsam mit den Sängern und Musikanten den Andachtsjodler singen, so erhebt das die Vorstellung zu einer Weihehandlung. Der Brauch bleibt dabei auf der Strecke, denn der Andachtsjodler ist in der Pfarrkirche in Sterzing zur Wandlung gesungen worden, und dazu nur am Heiligen Abend. Beim Salzburger Adventsingen ist aber weder Heiliger Abend noch ist das Festspielhaus eine Kirche, und eine Vorstellung keinesfalls eine Messe.

Ich darf hier eine persönliche Erinnerung einflechten: Es war 1952, in dem Jahr, in dem Kardinal Faulhaber gestorben ist. Da waren die Ottobrunner Musikanten – es waren die ersten, die bei uns das Hackbrett wieder zu Gehör gebracht haben – und die wollten auch einmal ein Adventsingen veranstal-

ten. Sie haben mich schon im Frühjahr gebeten, ich solle dieses Singen gestalten. Auf die Frage: Wo wollt ihr das machen? war die typische Antwort: Im Wirtshaussaal. Meine Antwort: Im Wirtshaussaal mach ich euch's nicht. Frage: Wo dann? Antwort: In der Kirche. Der Geistliche war diesem Vorhaben zunächst wohlgesonnen, ich habe brauchbare Texte alter Krippenspiele zusammengesucht. Es hat so ausgesehen, als wäre alles in Ordnung. Dann ist, wie gesagt, Kardinal Faulhaber gestorben. Es kommt der neue Erzbischof. Einer seiner ersten Erlasse ist, Weihnachts- und Krippenspiele innerhalb der Kirche und Gemeindehäuser zu unterlassen; Begründung: Diese Spiele seien doch in den meisten Fällen recht fragwürdig. Lang hat unsere Enttäuschung nicht angehalten. Wir haben nach einem Ausweg gesucht und sind zu der Erkenntnis gekommen, daß man den Text des Neuen Testaments zitieren und dazu stumm spielen könnte. Dann kann nämlich der neue Erzbischof wirklich nicht behaupten, der Text sei fragwürdig. Das hat der Pfarrer dann eingesehen und gesagt: Tuat's, was'ds mögds. Aber des sag i euch, an dem Tag bin i in Urlaub. Es kam zu dem Singen in der Kirche: Ein junger Mann im Chorhemd hat die Rolle des Evangelisten übernommen, der ›sein‹ Evangelium verlesen hat. Die anderen jungen Leute haben dazu stumm gespielt und nur gesprochen, wenn das Stichwort gegeben worden ist – zum Beispiel im Verkündigungstext, wo es heißt, »und der Engel sprach«; da hat der Spieler weitergesprochen: »Gegrüßest seist du Maria...« So ist der Text des Verkündigungsevangeliums gelesen und gespielt worden, die Verkündigung an die Hirten und das Weihnachtsevangelium. Dazwischen ist musiziert und gesungen worden: die schönen alten Verkündigungslieder, Herbergssuchelieder, Krippenlieder. Die Kirche war brechend voll, und der Geistliche hat im Jahr darauf nicht mehr verreisen müssen. Er hat dieses Singen vielmehr mit einer Andacht umrahmt all die vielen Jahre, die es stattgefunden hat.
Damals allerdings hab ich etwas getan, was ich heute nicht mehr tun würde. In dieses Spiel war das Weihnachtsevangelium mit einbezogen, obwohl Weihnachten noch nicht war. Ein Adventsingen sollte ein Adventsingen bleiben und kein Weihnachtssingen werden. Später war ich froh, daß das Verbot des Erzbischofs die alten Krippenspiele, die ich in meiner Begeisterung herausgesucht habe, verhindert hat. Ich hab in einer anderen Kirche im gleichen Jahr ein altes Krippen- und Dreikönigsspiel erlebt. Die alten Texte sind für unsere Ohren heute ja manchmal recht lustig und komisch; sie lösen, wo sie einstmals Furcht und Schrecken, Ehrfurcht und Staunen vermittelt haben, heute gar oft Heiterkeit aus. Der Schritt zur Lächerlichkeit ist nicht weit und verhängnisvoll.
Seit dieser Zeit, also seit 1952, hab ich immer versucht, unsere Sänger, Sängerinnen und Musikanten mit Adventsingen in die Kirchen zu bringen.

Bei der Grünsinker Marienwallfahrt
um 1950

So sahen damals die »Parkplätze« aus,
Fahrräder statt Autos

Das gilt übrigens auch für die Passionssingen und Mariensingen, die Andachten sein sollten. Wir sind hier wieder in dem Spannungsfeld von Brauch einerseits und Vorstellung andererseits. Adventsingen – und daran hat sich all die Zeit nichts geändert – können auf die Dauer nur Brauch werden, wenn man sie in die Kirche holt, aus ihnen eine Andacht macht und sie nach der Gesetzmäßigkeit des Brauches gestaltet. Der Brauch unterscheidet sich von der Vorstellung durch seine Wiederholbarkeit, nämlich: alle Jahre am gleichen Tag, zur gleichen Stunde, am gleichen Ort, das Gleiche. Ein Adventsingen, bei dem irgendein zweit- oder gar fünftrangiger Literat seine Verserl oder Prosa zum Besten gibt, ist nicht wiederholbar. Wiederholt er trotzdem, so riskiert er den Vorwurf: dem fällt nichts mehr ein. Anders ist das beim Brauch: Alle Jahre, zur selben Stunde, am Heiligen Abend das Lukasevangelium. Jeder wartet darauf und niemand empfindet es als Wiederholung.

Wir können unsere Sänger und Musikanten auf die Dauer nur dann dazu bewegen, die alten geistlichen Lieder zu lernen, wenn man eine würdige, wiederholbare Form findet, in der diese Lieder gesungen werden können. Da gibt es nur einen Rahmen: die Kirche. Und da gibt es nur eine Form: die Andacht. Ich halte es für falsch, vor allem für stillos, wenn in einer Kirche zwischen Liedern und Musik Gschichtl und Gedichte gelesen werden, wenn sich zum Beispiel ein Obmann des Bauernverbandes ungeniert und brettelbreit vor den goldstrotzenden, prachtvollen Hochaltar einer Klosterkirche setzt, um sich mit der *Heiligen Nacht* von Ludwig Thoma zu produzieren, sicher in der stillen Hoffnung, in der Heimatzeitung entsprechend gewürdigt zu werden, möglichst mit Bild. Solch eine Lesung kann man im Gemeindesaal machen, aber da kann man sich halt nicht mit barocker Pracht garnieren. In der Kirche sollte man dem Glauben dienen und sich nicht produzieren.

Auch die Adventsingen gehören zum Bayernbild und könnten gerade deshalb in ihrer Gestaltung durchaus die Würde vertragen, die einem echten Brauch angemessen ist. In der Kirche gibt es meines Erachtens nur zwei Möglichkeiten. Die erste: Der Geistliche selbst untergliedert das Singen und Musizieren mit kurzen Gebeten; er kann kurz über den Sinn des Advent oder über das Lob Gottes in der Musik sprechen. Die zweite: Es spricht ein Laie, aber nicht irgendwelche Verserl oder Geschichten, sondern er zitiert aus der Heiligen Schrift, aus dem Alten Testament die Propheten, aus dem Neuen Testament die Engelserscheinung des Zacharias, die Verkündigung des Engels an Maria, den Gang übers Gebirge, den Traum des hl. Joseph. Gerade mit der letzten Stelle, die mit dem Satz schließt: »Und er erkannte sie nicht, bis sie ihren ersten Sohn gebar, und hieß seinen Namen Jesus«, ist Weihnachten

nur angesprochen, aber es ist noch nicht da. Ein Adventsingen sollte – wie gesagt – ein Adventsingen bleiben und kein Weihnachtssingen werden.
Heute kann man ja ein Adventsingen bestellen wie ein kaltes oder warmes Buffet. Auch dies ein Bayernbild, bis hinein in den Bereich der Schickeria. Bestellte, eingekaufte Adventsingen kosten Geld, die Folge ist die Eintrittskarte, die in einem Konzertsaal angebracht ist, in einer Kirche nur peinlich. Deshalb sollte man eben Adventsingen zu einem Brauch machen, mit eigenen Kräften, auch wenn sie schwächer sind. Man sollte sie mit dem Geistlichen gestalten, und der Pfarrer sollte sie mit einem Gebet beschließen. Dann ist nämlich auch das Problem Applaus in der Kirche gelöst, denn nach einem »Amen« wird niemand mehr auf den Gedanken kommen, Beifall zu klatschen. Der Applaus ist auf dem Umweg über Kirchenkonzerte in die Kirchen eingezogen. Wen aber dieser Beifall stört, der bekommt meist zur Antwort: In Italien klatschen sie auch in den Kirchen. Aber ich bin halt kein Italiener. Einmal hat mir ein junger Geistlicher gesagt: Der liebe Gott freut sich, wenn sich die Menschen freuen und applaudieren. Da kann man dann nur sagen: Der liebe Gott freut sich, wenn sich die Menschen freuen; applaudieren müssen sie nicht, damit er es merkt; er weiß es. Im übrigen ist auch das eine Stilfrage. Der Herr von Karajan ist mit den Berliner Philharmonikern auch nicht in den Löwenbräukeller gegangen.
Im Zusammenhang mit Volksmusik in der Kirche stellt sich auch die Frage nach dem Dialekt in der Kirche; auch ein Zweig der bayerischen Selbstdarstellung – im Augenblick sogar ein blühender. Daß gerade in unseren Tagen der Dialekt wieder entdeckt wird, daß man ihn erhalten will, daß die Verslmacher – wenige gute, viele schlechte – wie die Schwammerl nach einem warmen Regen aus dem Boden schießen, ist im Grund die Bankrotterklärung des echten Dialekts, der ja ehedem von einer unerhörten regionalen Vielfalt war, während sich unsere oberbayerischen Verslmacher – Ausnahmen bestätigen die Regel – des allgemeinen München- und Rundfunk-Bayerisch bedienen. Vereinfacht kann man sagen: es gibt zwei Lager. Die einen mit dem Stempel der heilen Welt, die ihre Bücher verkaufen, zum Teil in Traumauflagen; und die andern, die sozialkritischen und progressiven, die auch Bücherl machen, nur etwas dünner, und die auf die andern auf gut bayrisch ›hoaß‹ sind, weil die ihre Verserl besser verkaufen. Zwischen diesen beiden Lagern ist nichts. Die Dialektdichtung hat in Oberbayern eine Tradition von über 150/160 Jahren. Das beweist, daß man den Dialekt auch damals in Gefahr gesehen hat, und es zeigt, daß die Dialektdichtung eine Domäne der Universitätsprofessoren und ›Gstudiertn‹ war, zum Teil auch noch ist. Kobell: Universitätsprofessor; Stieler: Jurist; Dingler: Universitätsprofessor…

Damit kein falscher Eindruck entsteht: Nichts gegen die Mundartdichtung. Solange jemand zu seiner Freude Verserl macht, ist alles in Ordnung. Solange Menschen an diesen Verserln Freude haben, Bücher mit Mundartgedichten kaufen, ist auch alles in Ordnung. Nur wenn dann Mundartfreunde auf den Gedanken kommen, für ihre Verserl einen Zuschuß aus Steuergeldern zu fordern – ein Fall, der nicht erfunden ist –, dann wird es mehr als fragwürdig. Die Mundartdichtung findet heute ein breites Interesse. Sie ist, und das ist schade, längst in den Sog der Mode geraten; damit unterliegt sie aber auch den Gesetzen der Mode.

Auf dem Umweg über die Dialektliteratur ist vereinzelt der Dialekt auch in die Kirche eingezogen, ein Sonderfall bayerischer Selbstdarstellung. Wenn zum Beispiel in einer Kirche eine ›boarische Passion‹ gespielt wird, muß dann Christus unbedingt »schwoaßn«, nur weil schwoaßn so viel echter klingt als bluten? Da mögen einem schon Zweifel am guten Geschmack kommen. Aber bleiben wir bei den Mundartmessen. Sie sind kaum mehr zu zählen, geschaffen meist aus dem Geltungsbedürfnis der ›Dichter‹ und Komponisten, zum weitaus geringeren Teil aus einem ehrlichen Bedürfnis des Glaubens und Dienens heraus. Es gibt Mundartdichter, die, so sie auf Bedenken oder etwas Reserviertheit stoßen, voller Entrüstung sagen: Mit'm Herrgott werd ma ja wohl no boarisch red'n derfa. Dieselben Leute sprechen meist bei einem Empfang, ja bei der simpelsten Unterhaltung ein ganz gepflegtes Bürger-Münchnerisch. Und es ist sicher nicht gut, wenn ein Mensch zweierlei Sprachen spricht, zweierlei bayerisch, sein eigenes, ganz natürliches, und ein anderes, ein bewußtes, ein aufgesetztes und damit falsches. Es ist bezeichnend, daß selbst im sangesfreudigen südlichen Oberbayern das Kirchenlied den Dialekt nicht kennt. Wer als Gegenbeweis das Hirtenlied anspricht, muß wissen, daß diese Dialektlieder keine Kirchenlieder waren, sondern Lieder für Krippen- und Stubenspiele. Der Bauer hat im Umgang mit seinem Herrgott den Dialekt aus Ehrfurcht zurückgenommen. Im Umgang mit seinen Gestrengen, dem Herrn Landrichter, übrigens auch. Aus Ehrfurcht hat er den Dialekt zurückgenommen – nicht verleugnet. Das hätte er gar nicht können.

Wir leben in einer Zeit, die rationalisiert, die vereinfacht, die nivelliert, die veralltäglicht, die – und das ist eigentlich das schlimmste – entfestlicht. Das festliche Kleid gilt als das fragwürdige Attribut einer fragwürdigen kapitalistischen Gesellschaft, die festliche Tracht als etwas besonders Schönes und Liebenswertes, aber doch als Zeichen einer unwiederbringlichen, vergangenen Zeit. Das werktägliche, betont saloppe Alltagsgewand wird auch zu festtäglichen Anlässen getragen, um zu zeigen, daß man Festlichkeit für antiquiert, für überholt hält. Festlichkeit macht Arbeit und Arbeit ist lästig im Zeitalter der Arbeitszeitverkürzung. Man hat weniger Arbeitszeit, aber man hat immer noch weniger Zeit in der Freizeit. Es scheint schon bald so, daß das keine-Zeit-haben in einem unmittelbaren Zusammenhang mit weniger oder gar keiner Arbeit steht. Es gibt Gründe genug, sich in unseren Tagen Gedanken zum Fasten und zum ›Festen‹, zum Festefeiern, zu machen.

Vor Jahren einmal, als der Heilige Abend auf einen Montag gefallen ist, bin ich am Freitag zuvor, mittags von Reutberg kommend, über Holzkirchen zur Autobahn in Richtung München gefahren. Ich war fast allein – Gegenfahrbahn: dreispurige Autokolonnen; stockender, teilweise stehender Verkehr bis in die Unterführung von Neubiberg. Alles Menschen auf der Fahrt in den Urlaub, nicht auf dem Weg zu einem Fest; alles Menschen, die nicht mehr bereit waren, sich eine Arbeit für ein Fest zu machen. Den meisten von ihnen genügt wohl der Christbaum in der Hotelhalle oder in der Fremdenpension, vielleicht auch beim Wintercamping ein aufblasbarer Christbaum, wie er vor Jahren in einem Münchner Kaufhaus mit Blasbalg angeboten worden ist. Aus dem Pfingstfest sind lange schon Urlaubstage geworden, aus Ostern auch, und nun ist sogar Weihnachten daran, dieses Schicksal zu erleiden! – Das ist die eine Welt.

Die andere: Eine Bäuerin, die jeden Tag acht Leute am Tisch hat, die das Brot noch selber backt, nimmt sich im Advent die Zeit, schüsselweise Plätzl zu backen, fünfzehnerlei, achtzehnerlei Sorten. Kommt ein Basl aus der Stadt, sieht diese Berge Gebäck und meint: I back keine mehr, bei mir mög'n sie's scho gar nimma. – Antwort: Back g'scheitere, dann fress'n sie's scho! – Leider haben beide recht. Die eine, weil bei ihr das Verhältnis zum Festefeiern noch stimmt, die andere aber auch. Wie soll nämlich, um ein Beispiel zu nennen, der Sekt an Weihnachten etwas Besonderes sein, wenn er das ganze Jahr über sogar in Büros aus dem Wasserglas konsumiert wird. Ob es wirklich so segensreich ist, daß man in unseren Tagen alles das ganze Jahr über bekommen kann? Daß man auch im Sommer auf Kunststoffbahnen eisschießen kann, weil es sichtlich den Eisschützen im Februar zu kalt ist? Daß diese Kunststoffeisbahnen von der Öffentlichen Hand zu bezuschussen sind, ist sowieso längst zu einer Selbstverständlichkeit geworden.

Wir verlernen das Festefeiern, weil wir bequem geworden sind, und fahren doch zu denen, die diese Kunst noch beherrschen, die sich dafür noch Arbeit machen, um ihnen zuzuschauen, um dabei zu sein. Man braucht dabei gar nicht so vorwurfsvoll auf junge Menschen zu schauen, die sich die Mühe nicht mehr machen. Wie sollten sie es lernen, wenn die Alten müde geworden sind, es ihnen vorzuleben. Wie soll es der Enkel lernen, wenn er anläßlich eines Besuches bei seiner Großmutter nicht sieht, daß es zu bestimmten Zeiten in deren Wohnung anders aussieht als unterm Jahr. Wenn er keinen Barbarazweig, wenn er keinen Adventskranz, wenn er keine Krippe sieht – dann weiß er halt um diese Dinge nicht.

Das Festefeiern, auch wenn es Arbeit macht, gehört einfach zum Menschen. Es ist – wie gesagt – ein Teil der so oft zitierten Menschenwürde. Der Mensch hat sich einmal vom Viech unter anderem dadurch unterschieden, daß er sich für bestimmte Augenblicke in seinem Leben besondere Formen gesucht hat. Und nun ist er seit einem guten Vierteljahrhundert eifrig dabei, diese Formen wegzuwerfen. Formen sind eben mehr als nur Formen. Wir sollten – glaub ich – alle, im Rahmen unserer Möglichkeiten, dafür sorgen, daß der Festlichkeit wieder mehr Platz eingeräumt wird. Festlichkeit ist ein Stück Menschsein. Ein menschlich-menschenwürdiges Leben kommt ohne Festlichkeit nicht aus.

Auch das Bayernbild kommt ohne Festlichkeit nicht aus. Und das Sich-Herzeigen, der Stolz auf eigene Art, das Präsentieren eines noblen Bayernbildes gibt einerseits Selbstbewußtsein, aber es vermittelt – richtig verstanden – auch das Bewußtsein, wo man hingehört und – was noch viel wichtiger ist – das Wissen, wo man nicht hingehört.

Damit schließt sich der Kreis: Ohne Festlichkeit kann es auf die Dauer keine Selbstdarstellung geben. Keine Sichtbarmachung der Kirche, des Glaubens und keine bayerische Selbstdarstellung im guten Sinn.

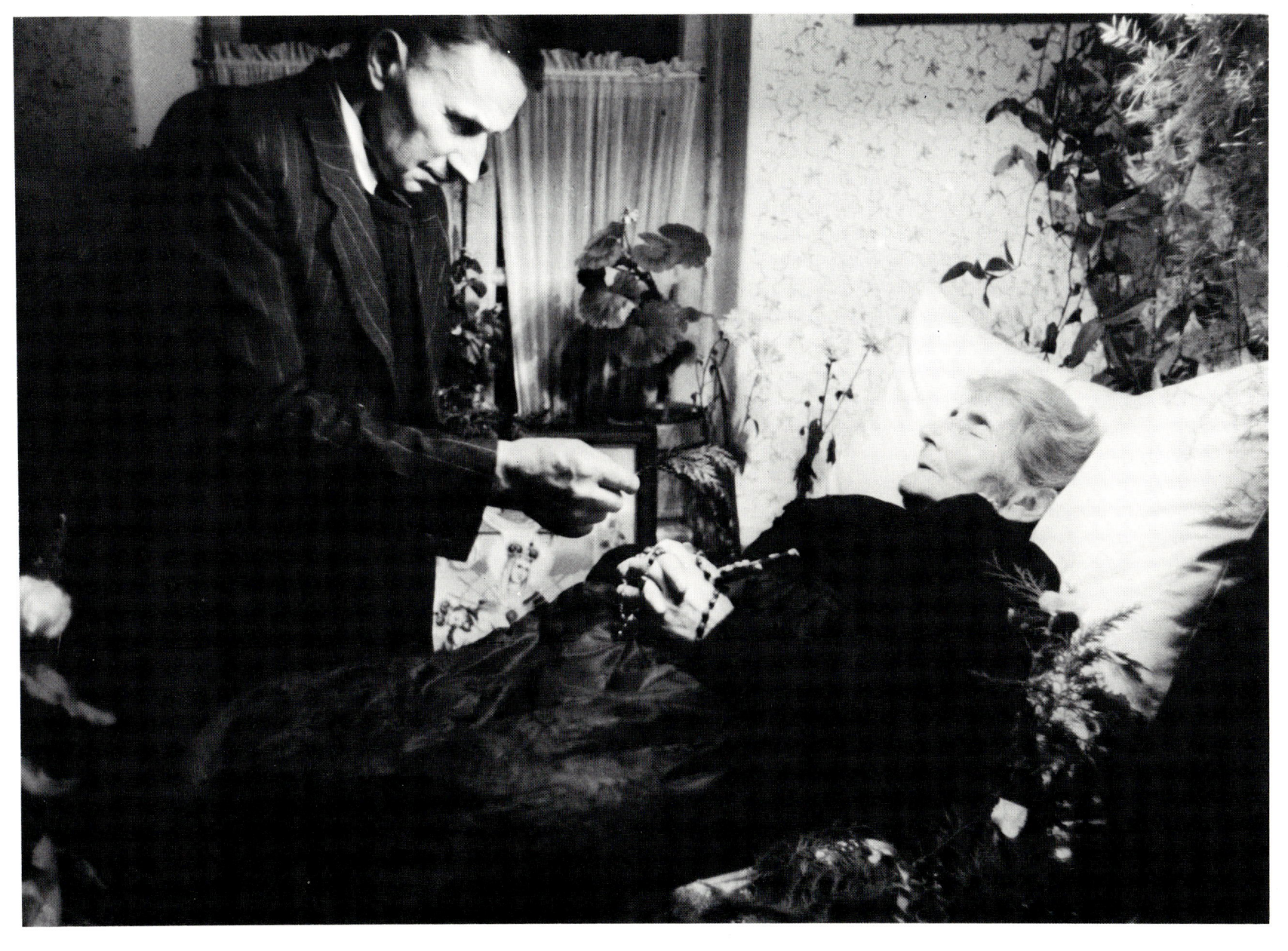

Die alte Westen-Franzin in der Trauertracht aus Neuried, Gemeinde Frauenrain, die noch auf einem mit Leinen überdeckten Totenbrett im Herrgottswinkel aufgebahrt worden ist

Die Bilder

Barbarazweige und Alt-Münchner Nikolausruten auf dem Viktualienmarkt

Offene Verkaufsstände auf dem Münchner Viktualienmarkt zur Adventszeit

Mistelzweige brachten im Ersten Weltkrieg englische Gefangene nach München

Der Adventskranz hielt in München in
den dreißiger Jahren seinen Einzug

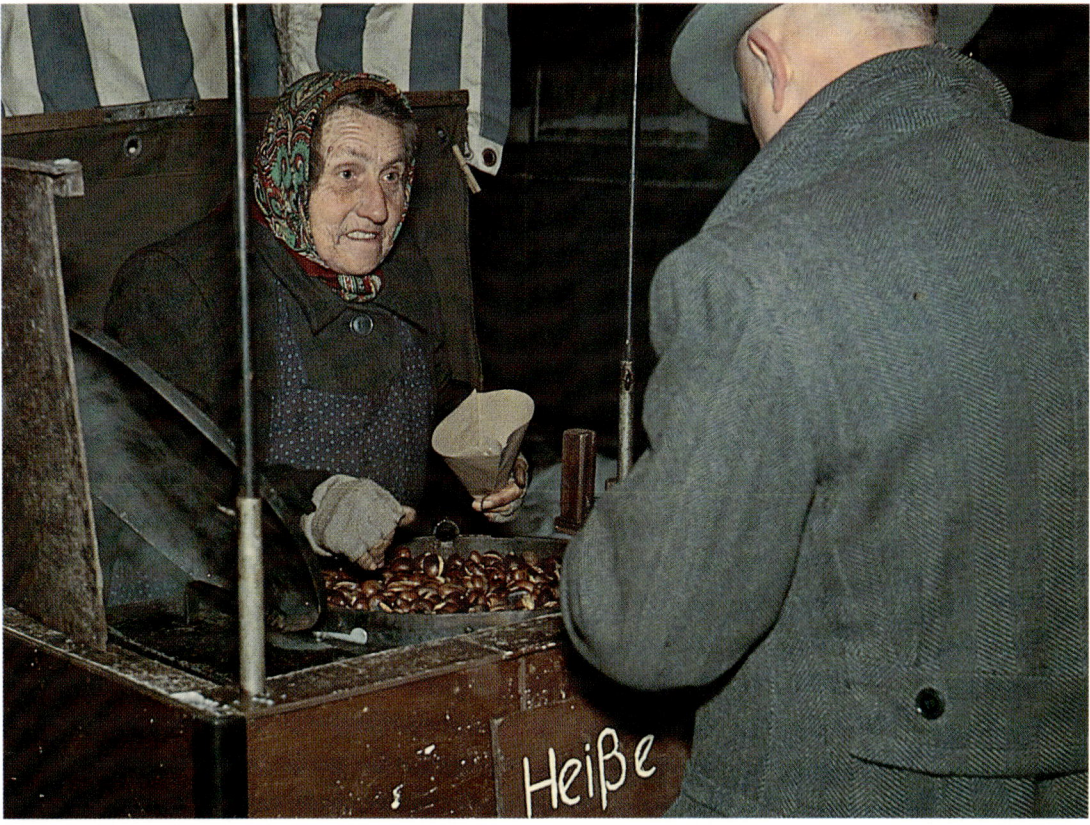

Die Maronifrau gehört seit eh und je zum
Münchner Christkindlmarkt

Oben: Aussendung der Ministranten zur Herbergssuche in Berchtesgaden

Adventskranzweihe am Vorabend des ersten Advent in Berchtesgaden

Rechts und links: Ankunft zur Herbergssuche in einem Berchtesgadener Haus

Herbergssuche – auch Frauentragen genannt – in Marnbach bei Weilheim

62

Oben: Der Nikolaus in Frauenrain
Unten: Herbergssuche in Marnbach

Das Buttmanndllaufen im Loipl bei Berchtesgaden. Ein Buttmanndl wird liegend in Stroh gewickelt und dann auf die Beine gestellt. Auf den Rücken werden ihm Kuhschellen gebunden

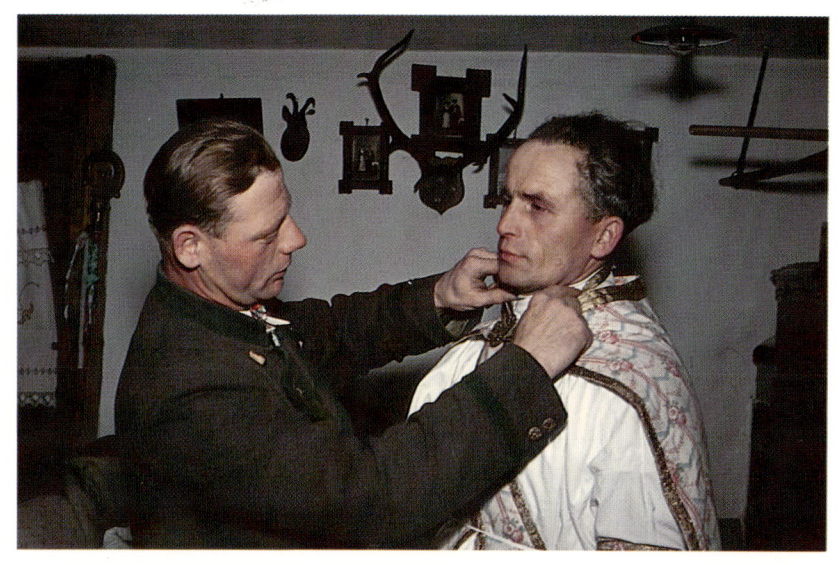

Der Nikolaus und das Nikoloweibl – ein Bub – werden zusammengerichtet. Sie laufen
mit den Buttmanndln auf einen Bichl, um zu Beginn des Laufes zu beten

65

66

Die Buttmanndl laufen am Abend des 1. Advent. Die Larven aus Stoff und Fell machen die
Burschen selbst. Das Buttmanndl links oben wird vor dem Laufen mit Weihwasser besprengt

Am 13. Dezember werden in Fürstenfeldbruck die Luzienhäusl zur Weihe getragen.

Anschließend werden die Häusl, als eine Art Flußopfer, in die Amper gesetzt.

69

Münchner Kripperlmarkt und Krippenspiel in Ottobrunn nach Evangelientexten

71

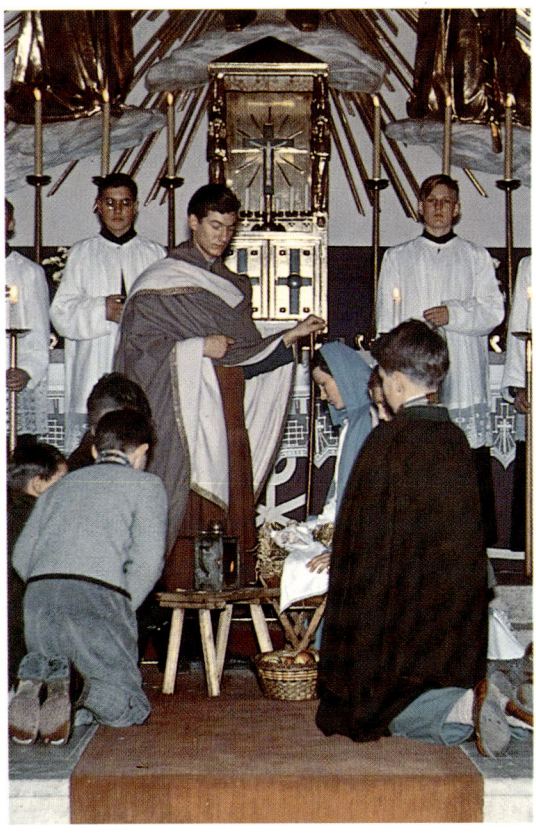

Der Schaffler Rief von Habach baut zur Freude der Dorfkinder seine Krippe auf.

Die Kirchenkrippe in der alten Kollegiatsstiftskirche in Habach

Heiliger Abend vor Beginn der Christmette
auf dem Friedhof in der Ramsau

73

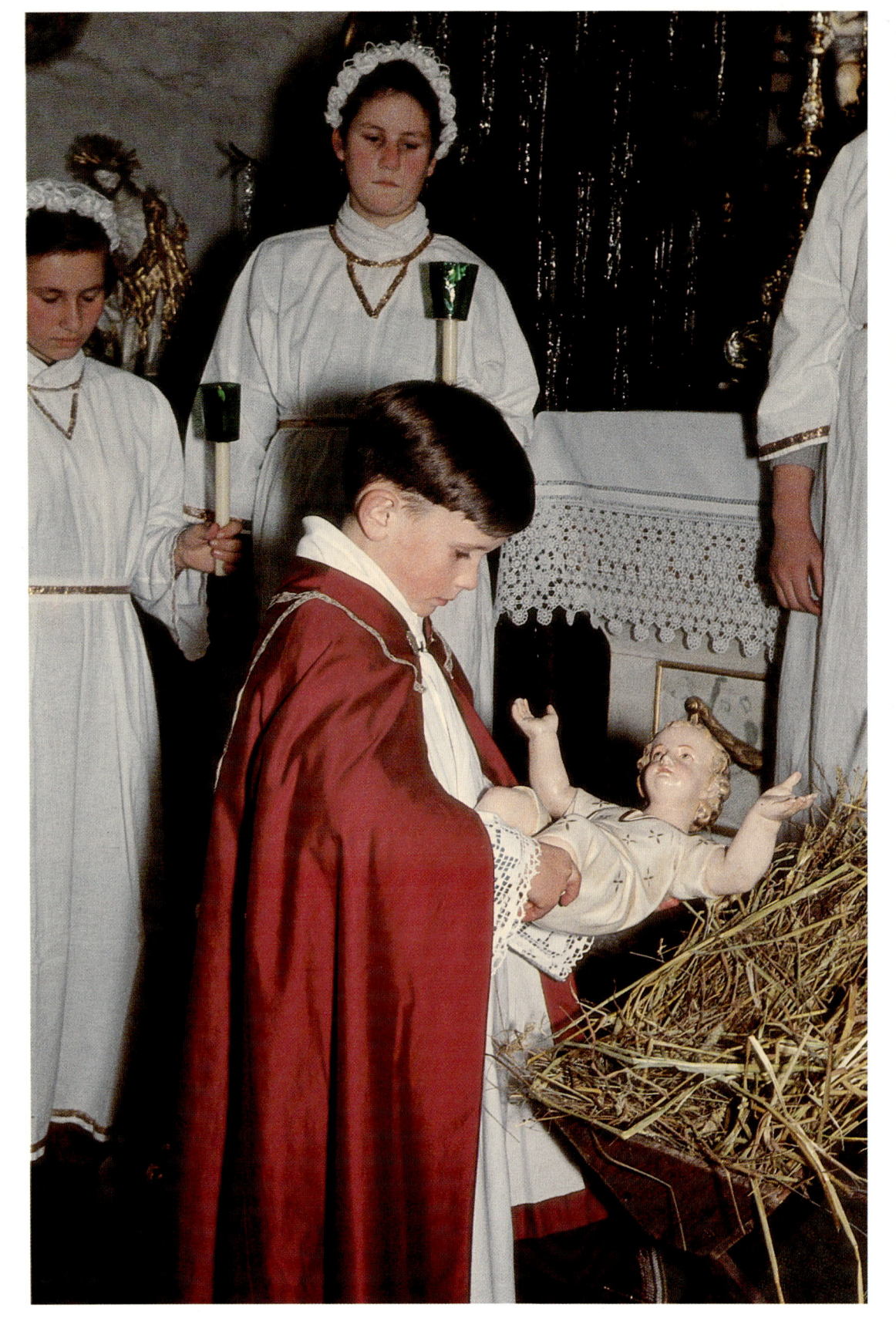

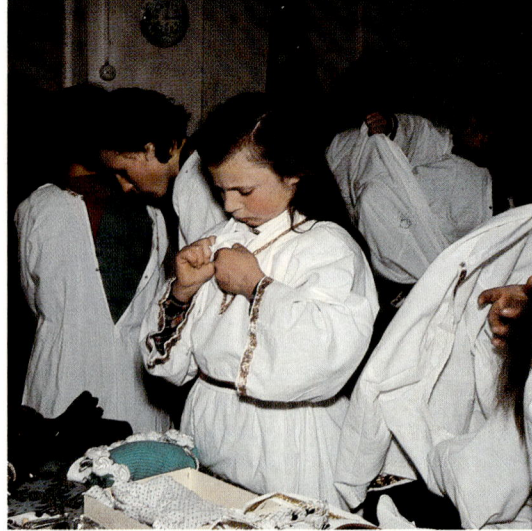

Die Krippenlegung in der Dorfkirche von Obersöchering während der Christmette

Die Krippenlegung, ein vergessener Brauch, wurde im Kloster Niederaltaich 1927 wieder aufgenommen und so zum Vorbild, auch für das oberbayerische Dorf Obersöchering

Erstes Auftreten der neugegründeten Tölzer-Kompanie am Heiligen Abend 1955

76

Kranzniederlegung zum Gedenken an die
Opfer der Sendlinger Mordweihnacht 1705

77

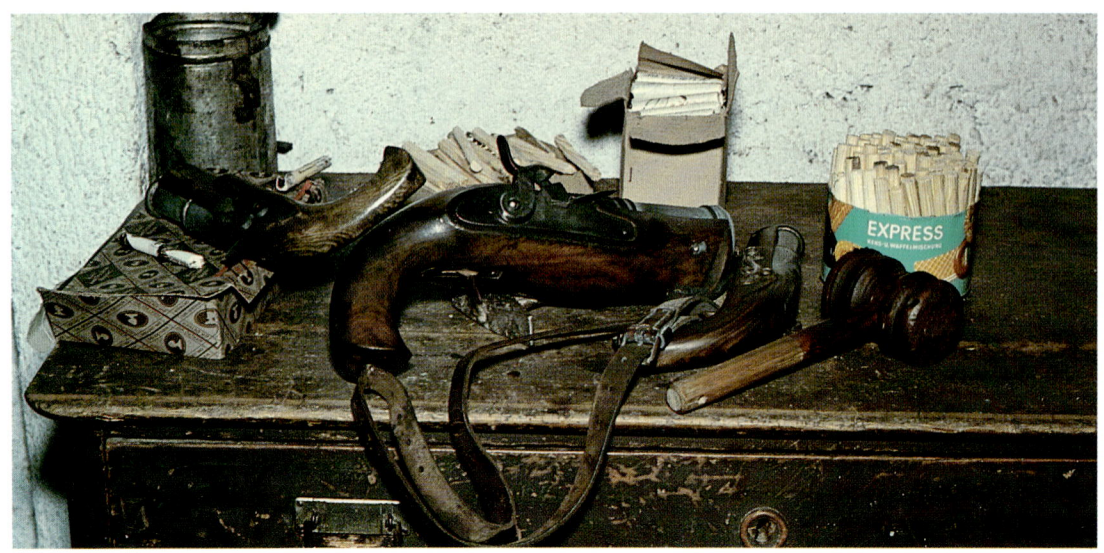

Schwere Böller der Weihnachtsschützen
verkünden in Berchtesgaden das neue Jahr

78

Salven rollen über das Land, ehe in der
Herberge das Faß angezapft wird

Neujahrs-Frühgottesdienst in der Ramsau
bei Berchtesgaden

Neujahrs-Hauptgottesdienst und Gräberbesuch in der Ramsau

81

Der Schaffler Rief von Habach baut zu Drei-König seine Krippe um

Die Weihe von Salz, Weihrauch und Kreide am Vorabend von Drei-König

82

C+M+B – »Christus mansionem benedicat« – Christus beschütze dieses Haus

Der Bauer schreibt an die Türen seines Hauses das »Kaspar, Melchior, Balthasar«

Mitte der fünfziger Jahre waren in Oberbayern Sternsinger kaum zu finden

84

Die Sternsinger von Seeshaupt haben damals schon für gute Zwecke gesammelt

Oben: Die Sternsinger in Weilheim
Unten: Die Sternsinger von Seeshaupt

Um die Krippe der Seeshaupter Sternsinger dreht sich der beleuchtete Stern

In der Dreikönigsoktav feiern die Knappen in Berchtesgaden die Bergweihe

Mit brennenden Kerzen ziehen die Knappen durch die Stollen des Salzbergwerks

Das dritte Evangelium wird im Kaiser-Franz-Sinkwerk gelesen...

...dann ziehen sie in Halbparade, den Rosenkranz betend, weiter durch die Stollen

Der Ortspfarrer schreibt auf die Tür des Bergwerksgebäudes das K+M+B

Die Hausweihe in der Bergkaue der Knappschaft beschließt die Bergweihe

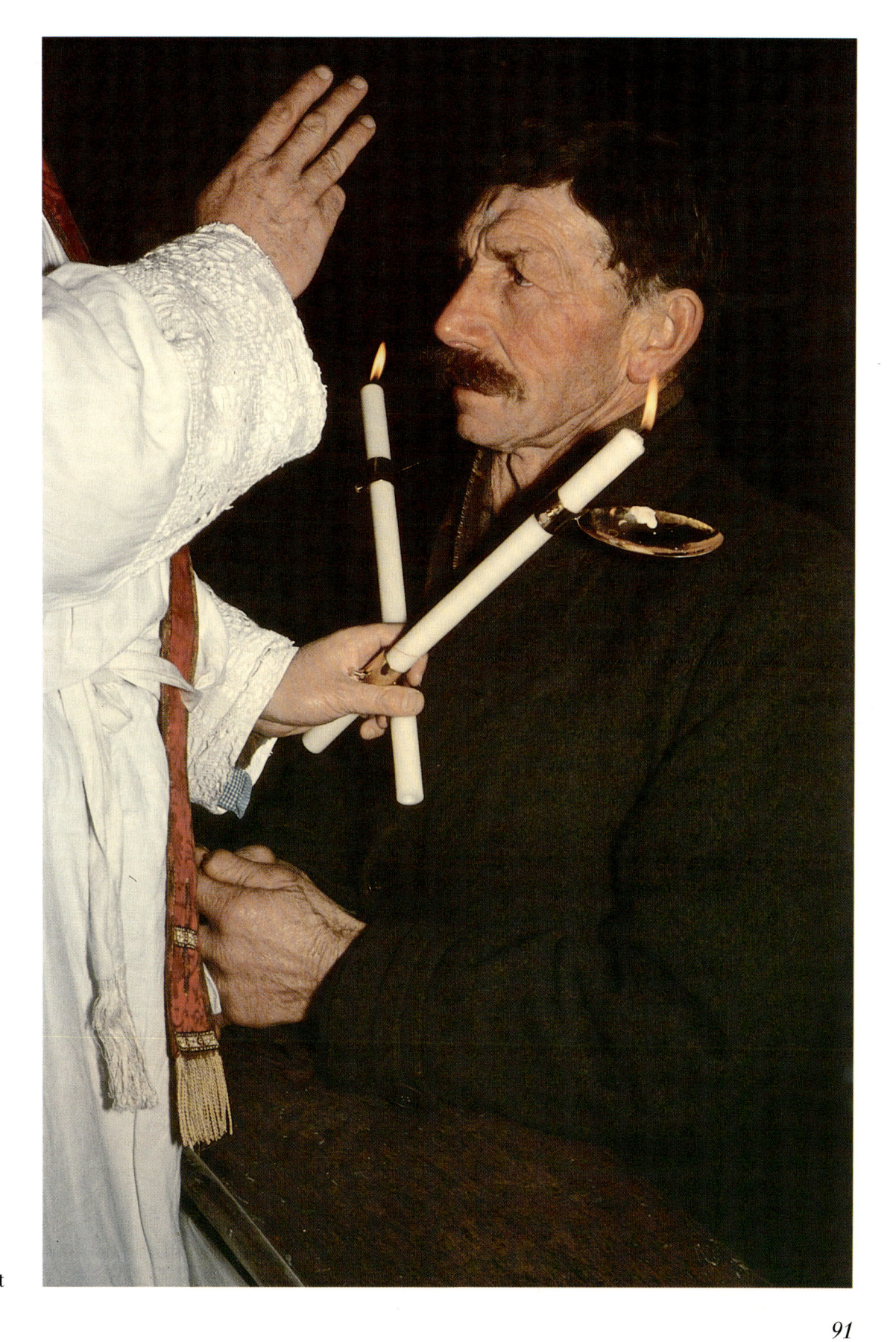

Der Blasiussegen wird am 3. Februar,
dem Blasiustag, gegen Halsweh gespendet

Oben: Die Bögen der Schellenrührer werden mit dem Schlitten gebracht

92

Das Mittenwalder Schellenrühren findet am »Unsinnigen Donnerstag« Mittag statt

Die Schellenrührer werden vom Vortänzer in einer Mädchenlarve angeführt

93

Der Vortänzer tanzt den Schellenrührern voraus und neigt bei jedem Wechselschritt den Bogen nach rechts und wieder nach links

Und wie der Vortänzer mit seinem Tannenbogen zeigt, so springen
die Schellenrührer jeweils rechts oder links nach vorn

Im Wirtshaus wurden schon um 1955, entgegen der Überlieferung, die Larven an die Garderobe gehängt

Der Hinterkopf ist mit einem Tuch verdeckt, damit man den Larventräger nicht erkennt. Links: Mittenwalder Jaklschutzer

Mittenwalder Schellenrührer-Nachwuchs und Jaklschutzer, die den »Jakl« prellen

98

Als Larven benutzen die Jaklschutzer die Ohrenfliegenschutznetze für die Pferde

Ein »Flechtenmo« nach Tiroler Vorbild am Fasnachtssonntag in Garmisch

Mittenwalder Pfannenflicker und Partenkirchner Fasnachtler

»Kanoniere« der Kinderfasnacht am »Unsinnigen Donnerstag« in Partenkirchen

Links: Die Altweibermühle von Partenkirchen
Oben: Partenkirchner Schellenrührer

Links: Oben die Schellenrührer und unten die Jaklschutzer in Partenkirchen

Rechts: Schellenrührer, Untersberger Mannd und Fasnachtler in Partenkirchen

105

Partenkirchner Kinderfasnacht und der Mann im Flecklesgewand, eine alte Fasnachtsgestalt im Werdenfelser Land

Je schneller das »Mühlradl« gezogen wird, desto schneller drehen sich die Garmischer Fasnachtler

Beim Fasnachtstreiben in Partenkirchen sind auch Larven zu sehen, die in unserer Zeit entstanden sind

Bei der Gestalt oben links steckt nur hinter einer Larve ein Gesicht, nämlich hinter der im Korb

109

Maskentreiben am Faschingsdienstag auf dem Viktualienmarkt in München

110

Auch früher hat es am Faschingsdienstag
hier mehr Zuschauer als Masken gegeben

111

Der Anmarsch der Münchner Schäffler
zum Tanz vor dem Nymphenburger Schloß

Alle sieben Jahre tanzen die Schäffler von
Drei-König bis Faschingsdienstag

Die Münchner Schäffler tanzen hier vor
Herzog Albrecht von Bayern

Rechts: Reifenschwingen mit dem gefüllten Glas, vor dem »Hoch« für den Geehrten

114

115

Der Faschingszug in Benediktbeuern findet am Fastnachtsdienstag statt

Die Wagen wurden von maskierten Ochsen
gezogen, da es noch kaum Traktoren gab

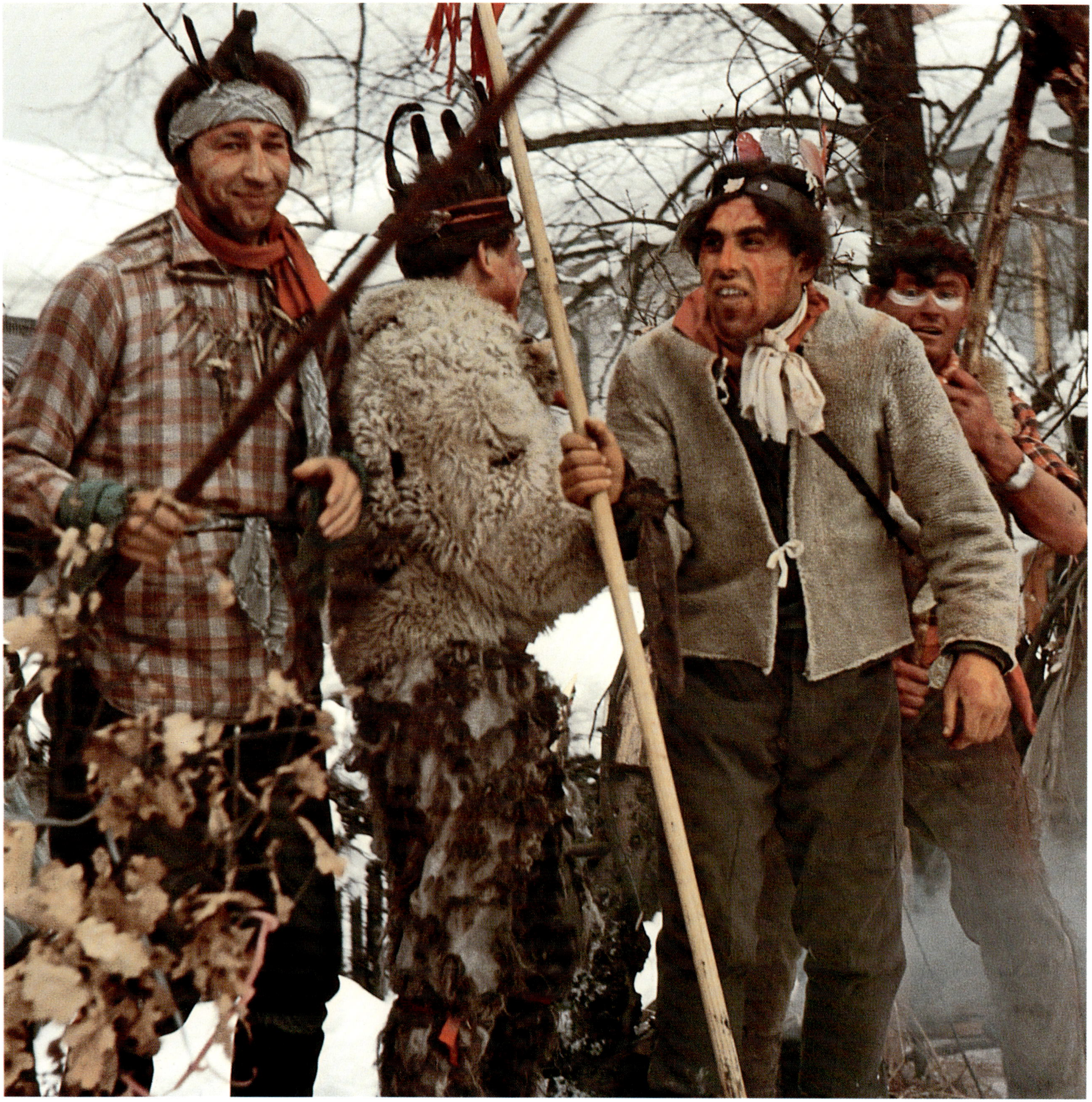

Rechts oben: Bärentreiber und Tanzbär gehören zu den ältesten Fasnachtsgestalten

Links: In Benediktbeuern braten die »Indianer« die Raben mitsamt den Federn

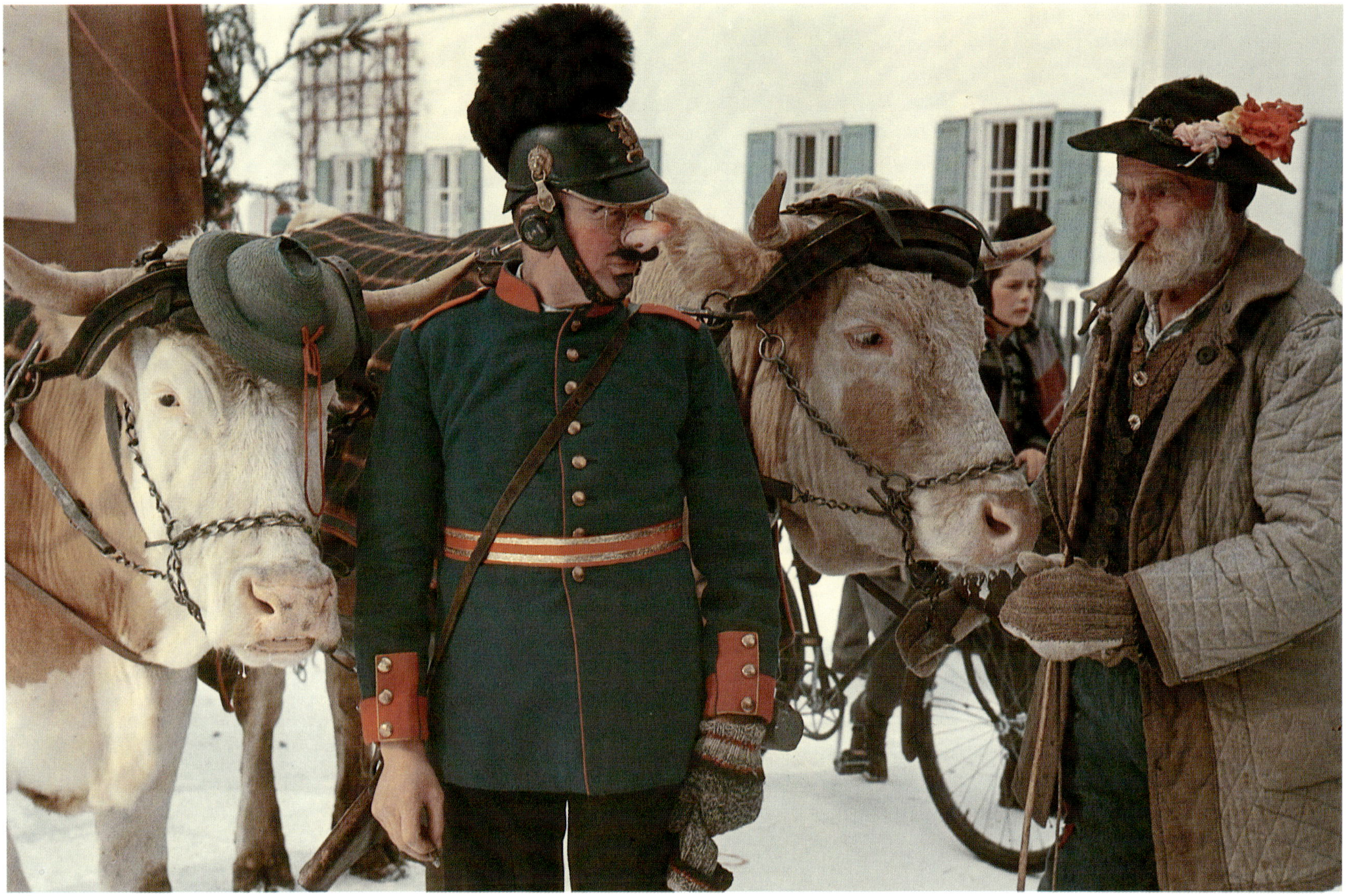

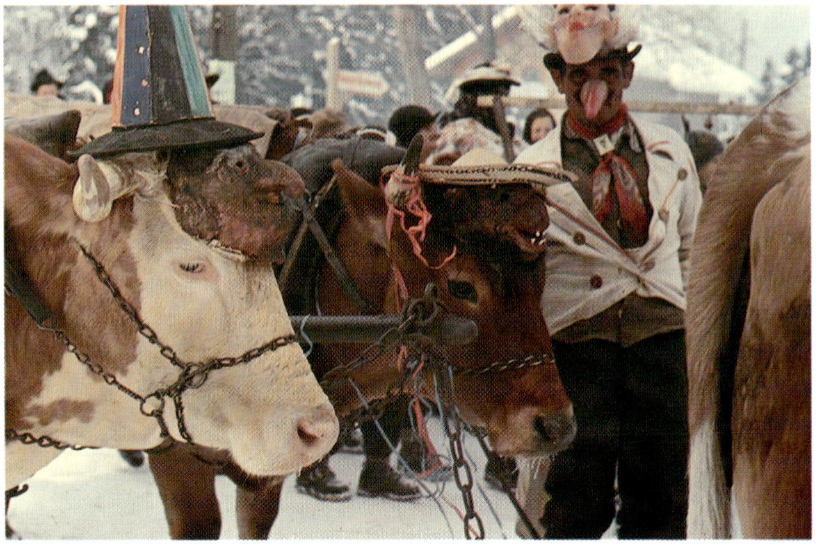

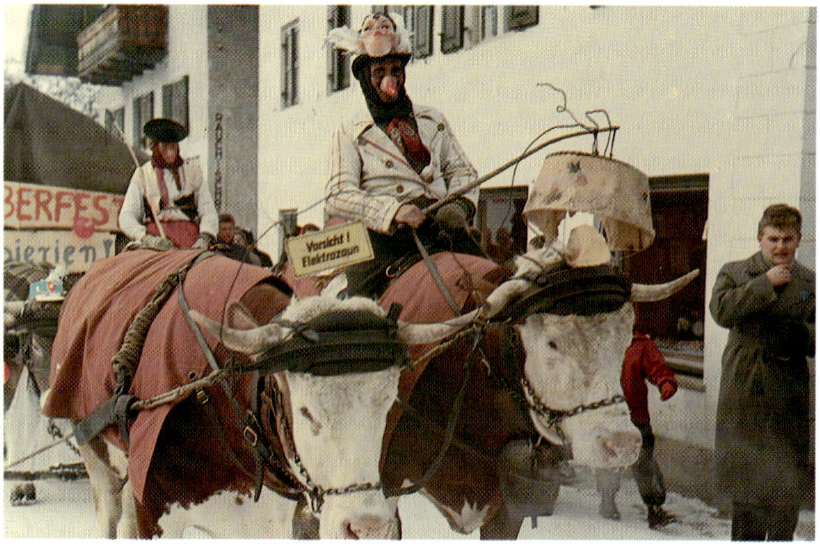
BERFES
Vorsicht !
Elektrozaun

Links: Ochsen ziehen mit dem Stirnjoch und dem Kummet Schlitten und Wagen

Beim »Haberfeldtreiben« werden die »Schandtaten« der Einheimischen verkündet

122

Links: Nach jedem Gsatzl des »Haberermeisters« verkünden die »Haberer«: »…wahr is!«

Rechts: Die Fastenzeit beginnt am Aschermittwoch mit dem Zeichen des Aschenkreuzes

Damals finden die Ölbergandachten noch an den Donnerstagen in der Fastenzeit statt.
Das Geschehen auf dem Ölberg wird auf einer Bühne im Gmunder Altar gespielt

Oben: Ölbergandacht in Waakirchen.
Rechts: das fromme Spiel in Gmund

Der blutschwitzende Heiland der Ölbergandacht von Waakirchen bei Tölz

Christus am Ölberg und Judas, der ihn verrät, in der Stadtpfarrkirche von Tölz

Der Ölberg von Reichersbeuern im Hochaltar, unbeweglich wie eine Krippe

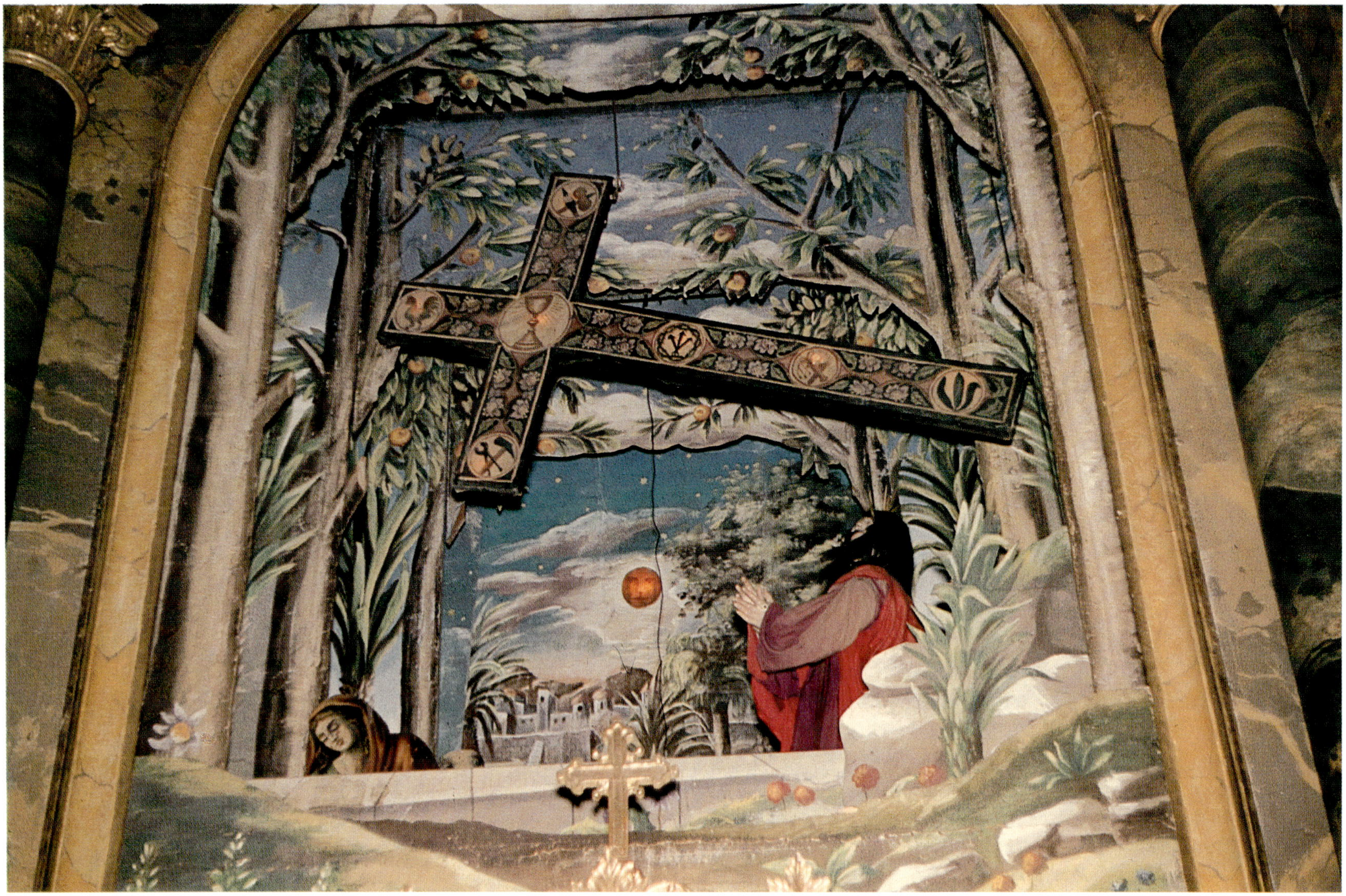

Bei der Ölbergandacht in Dietfurt senkt sich das Kreuz zweimal auf die Christusfigur, ehe ein Bub als Engel erscheint, um vom Leiden des Herrn zu singen

Der Engel, ein Bub, gibt Christus, einer beweglichen Figur, den Kelch

Blick hinter die Kulissen des Ölbergspiels im Franziskanerkloster in Dietfurt

In Berching wurde Christus – beim gleichen Spiel – von einem Bürger dargestellt

Palmbuben von Reichersbeuern mit den auf Stangen aufgesteckten Palmbüscheln

»Der Palm« wird am Palmsonntag in vielerlei Formen zur Weihe gebracht

Der Palmesel von Weilheim wird bei einer Prozession um die Kirche geführt

Palmweihe in Reichersbeuern, ein frischgeweihter Palmzweig auf dem Grab

134

135

Palmbuschen werden im Berchtesgadener Land auf die Wiesen gesteckt

Beim Abendgottesdienst am Gründonnerstag rattern zum erstenmal die Ratschen

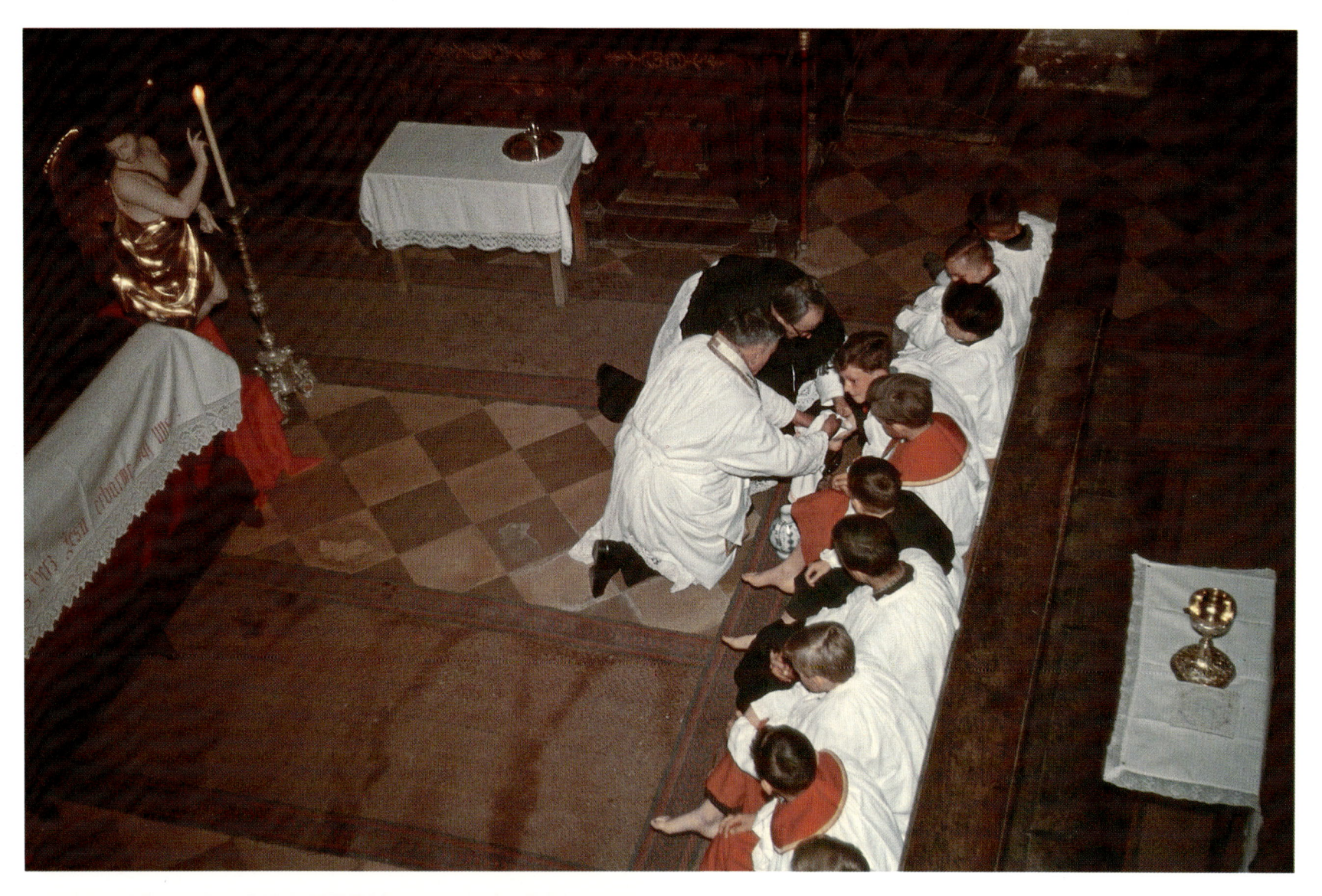

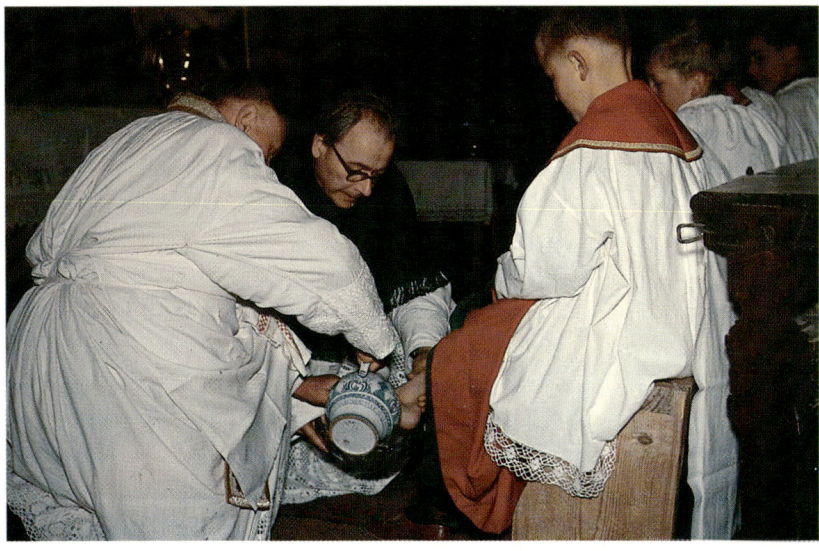

Die neue Osterliturgie macht die Zeremonie der Fußwaschung erstmals auch in den Dorfkirchen möglich

Als Abschluß des Gründonnerstag-Abendgottesdienstes werden zum Zeichen der Trauer die Altarkerzen umgelegt

Die Ratschenbuben von Iffeldorf rattern auf Kommando des
Mesners hinter der Kirchhofmauer mit ihren Kastenratschen

Die Ratschenbuben von Obersöchering laufen von allen Seiten
zur Dorfmitte und ziehen dann gemeinsam durch den Ort

Mancherorts ist es üblich, daß die Buben ihre Namen zur Erinnerung
auf die Flügelratschen schreiben und darauf ganze Generationen verewigt sind

142

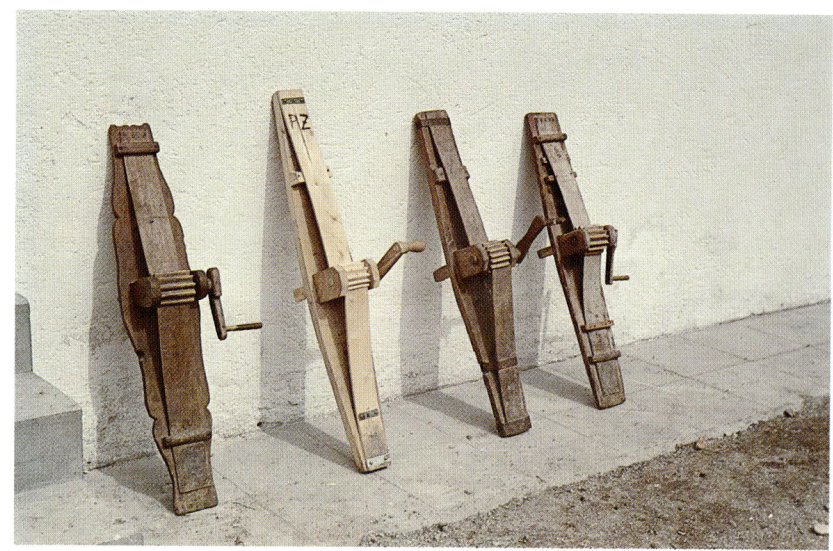

Die Ratschen von Eberfing und Habach
rufen zum Gottesdienst am Karfreitag

Erste Station der Kreuzenthüllung in der
ehemaligen Stiftskirche von Habach

144

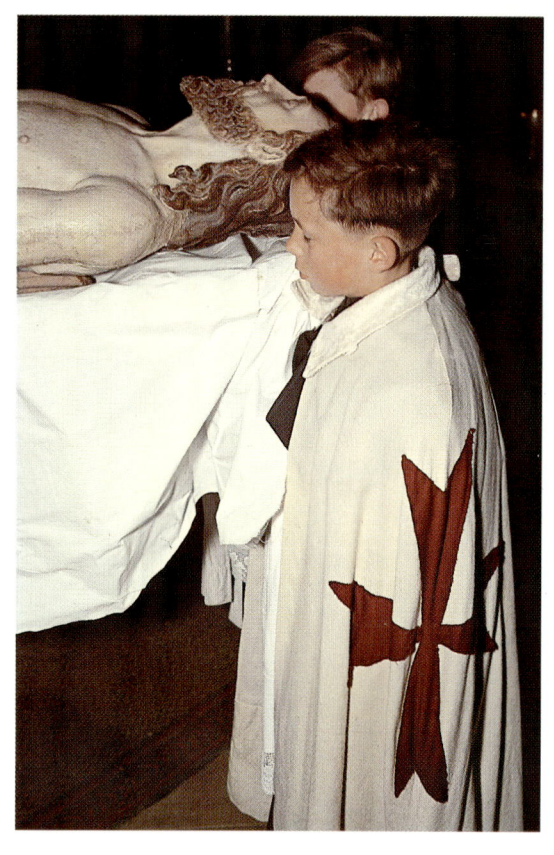

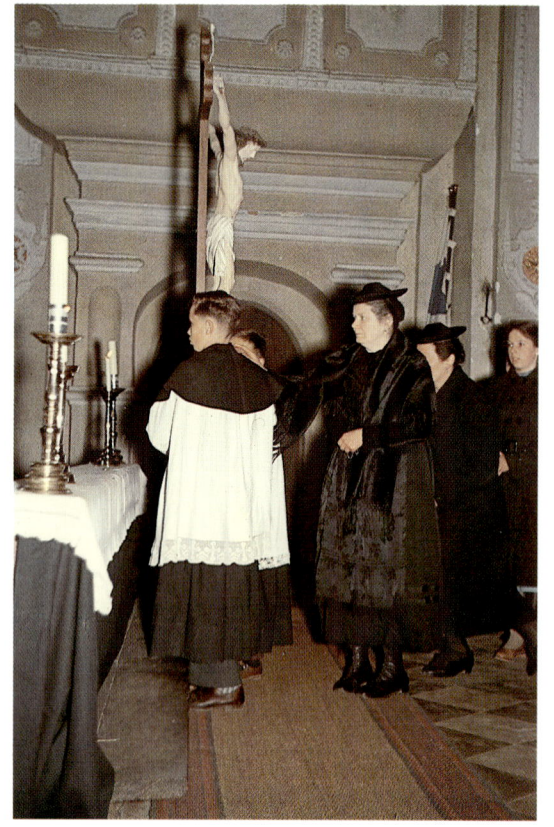

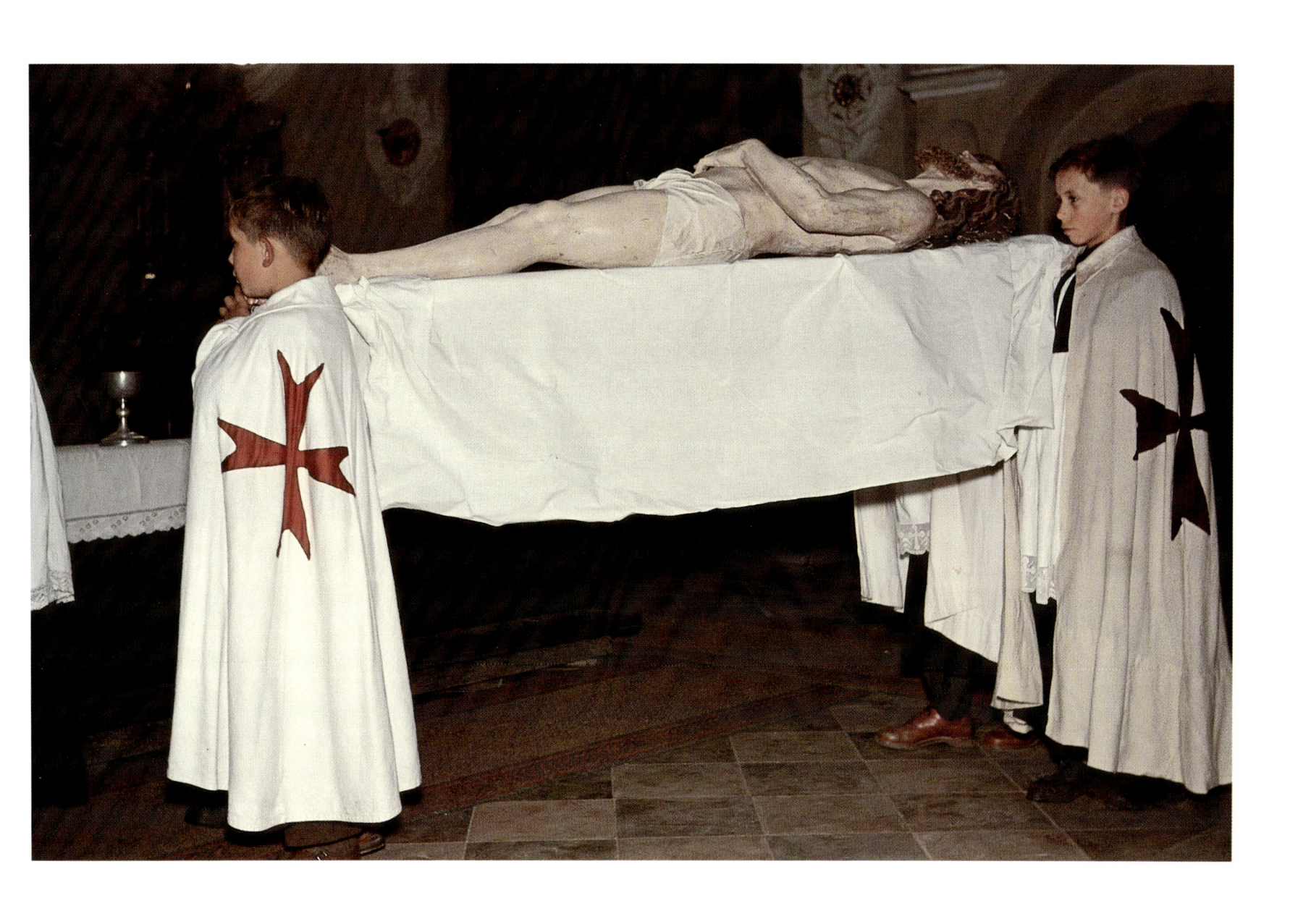

Links: Dritte Station der Kreuzenthüllung und erstmals neue Form der Kreuzverehrung
Oben: In Habach wird der Corpus Christi von den Ministranten in das Grab gelegt

Die Figuren der »Beweinung Christi« (1609) werden dem Bildhauer Bartholomäus Steinle zugeschrieben.
Die Engel von Franz X. Schmaedl werden zum Heiligen Grab gestellt

Zu der Beweinung Christi gehören auch die Figuren von Maria, Maria Magdalena,
Maria Cleopha, Maria Salome und des heiligen Johannes

Links: Das Heilige Grab von Söchering mit seinen typischen bunten Glaskugeln

Rechts: Das um 1790 entstandene Heilige Grab von Wessobrunn

149

150

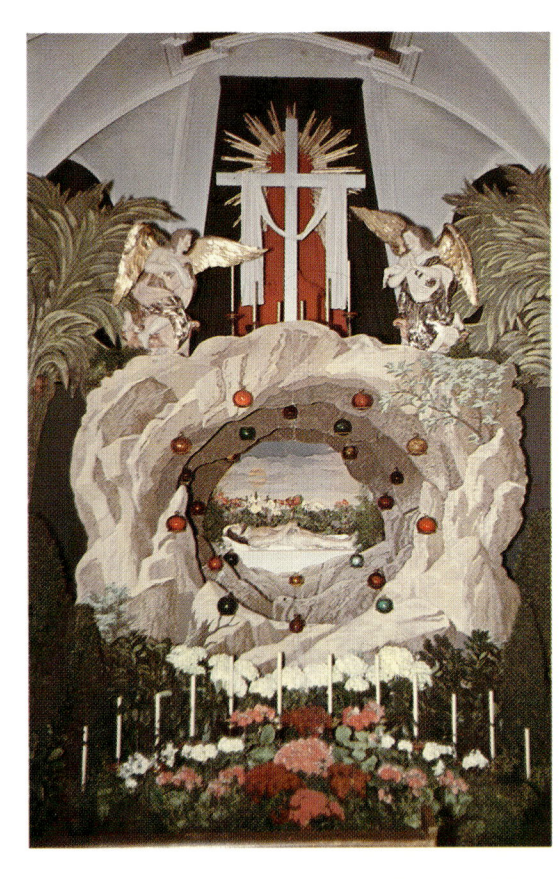

Links: Die Heiligen Gräber von Weilheim
St. Pölten, Wessobrunn und Issing

In Dießen gibt das versenkte Altarblatt
den Blick auf das Heilige Grab frei

151

Die Bühne im Altar der Klosterkirche Dießen am Karfreitag und am Karsamstag mit dem Heiligen Grab

152

Beim Gloria der Osternacht wird der Grablegungschristus versenkt
und der Auferstandene hochgezogen

Das Heilige Grab des Johann Baader in Stadl. Davor noch das Kruzifi[x] aufgelegt zum Kreuzküssen

Gerade am Karfreitag wird die lebensgroße Abendmahlsgruppe in der
St. Anna-Damenstiftskirche von den Münchnern besonders besucht

155

So entstehen die »Butterlampl«:
Für die Familie, den Pfarrhof und den Enkel

156

Die Feuerweihe alter Art am Karsamstag früh; die Ministranten warten auf die geweihte Kohle

Karsamstag: Die Ministranten bringen geweihte Kohle und bekommen dafür Eier

158

Die Söcheringer Ministranten gehen gruppenweise mit der Ratsche

159

Die Ministranten verteilen die gesammelten Eier; Brauch und Mißbrauch des Eierpeckens

160

Ministrant mit den geweihten Ölen des vergangenen Jahres, die im Osterfeuer verbrannt werden

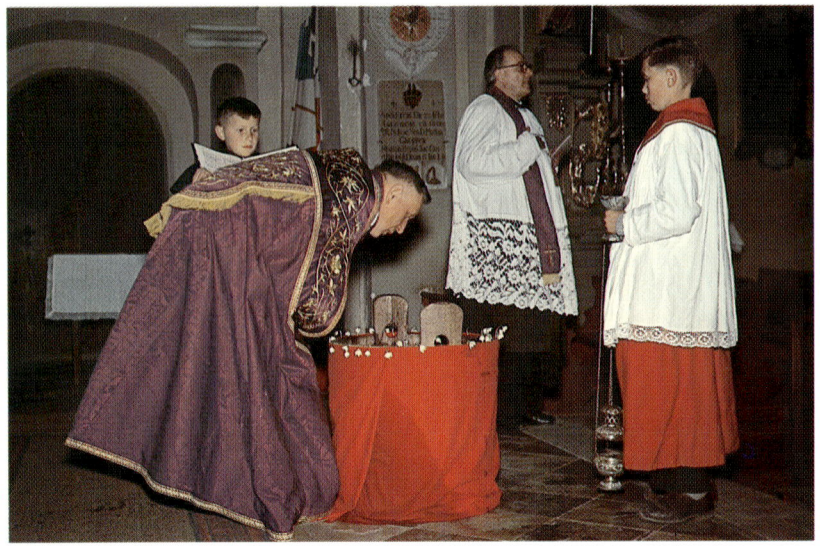

Die Wasserweihe der Osternacht in der ehemaligen Kollegiatsstiftskirche von Habach

Das Taufwasser wird dem eben geweihten Osterwasser entnommen und erfährt eine eigene Weihe

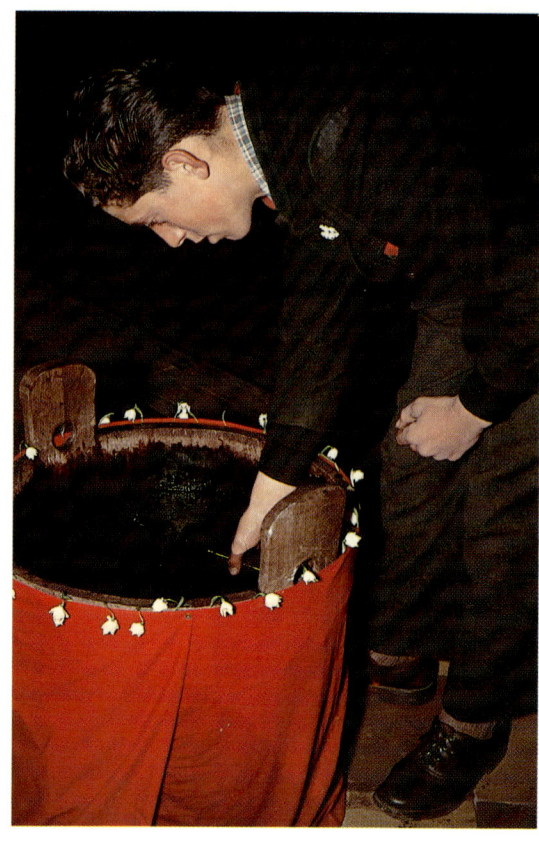

Prozession nach dem Gloria; oben: Gläubige nehmen Weihwasser mit nach Hause

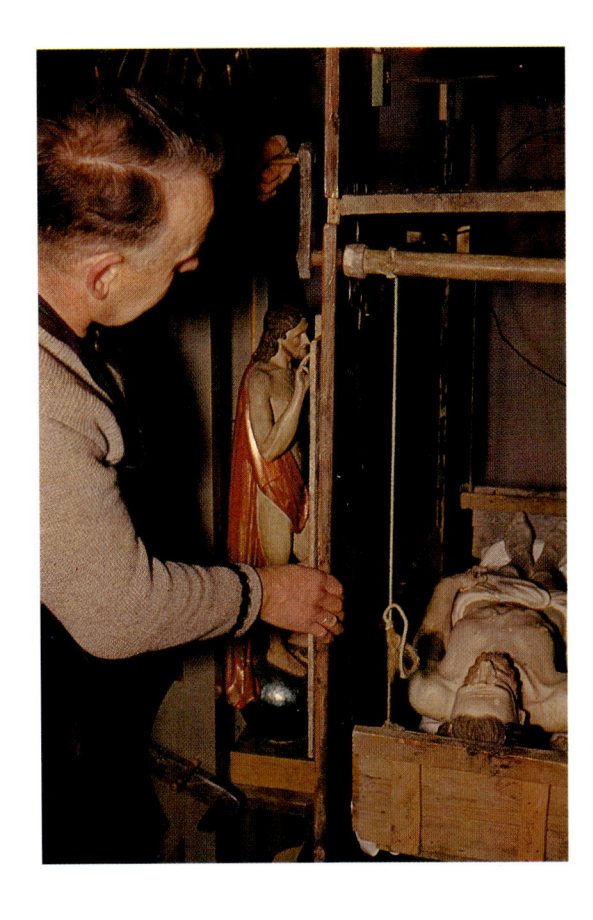

Grablegungs- und Auferstehungschristus
in Heilbrunn; Glockenziehen in Habach

165

166

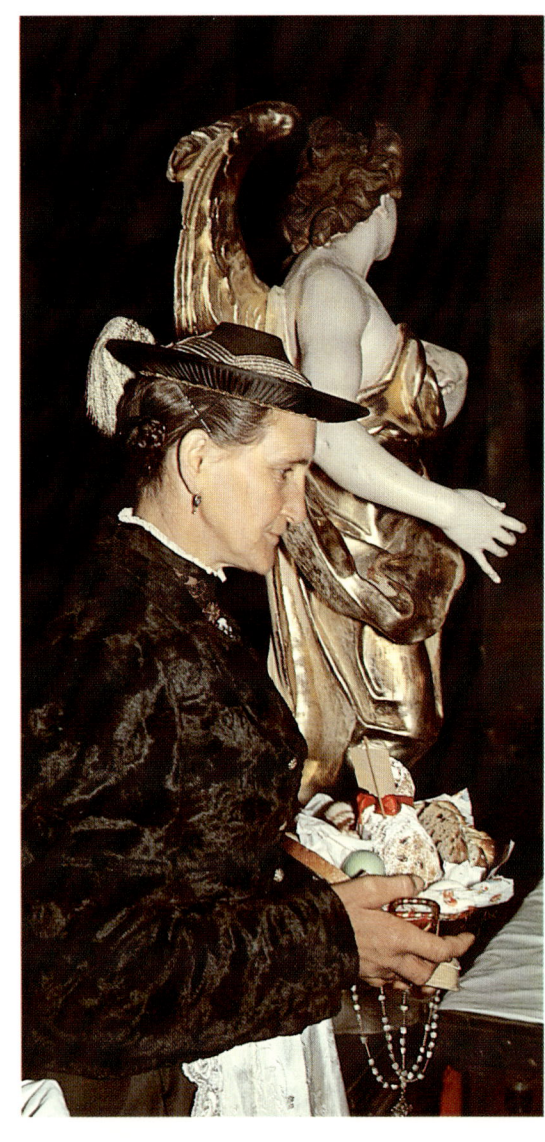

Speisenweihe am Ostersonntag und Zuckerlampl einer Münchner Konditorei

In das Körberl gehören Brot, Eier, Salz, Schinken, ein Osterlampl...

Das »Oarscheibn« in Weihenlinden. Spielschulden wollen bezahlt sein

168

Das Habacher Osterfeuer war bei gutem Wetter noch in Starnberg zu sehen

170

Der Georgiritt in Traunstein und Roßweihe an der Ettendorfer Kirche

Ein Standartenreiter führt jeweils die Reiter der einzelnen Gemeinden an

Oben: Der heilige Georg; unten: Schluß-
segnung an der Stadtpfarrkirche

173

Der Traunsteiner Schwertertanz findet
am Ostermontag nach dem Ritt statt

Die Schlußfigur des Schwertertanzes auf dem Stadtplatz von Traunstein

175

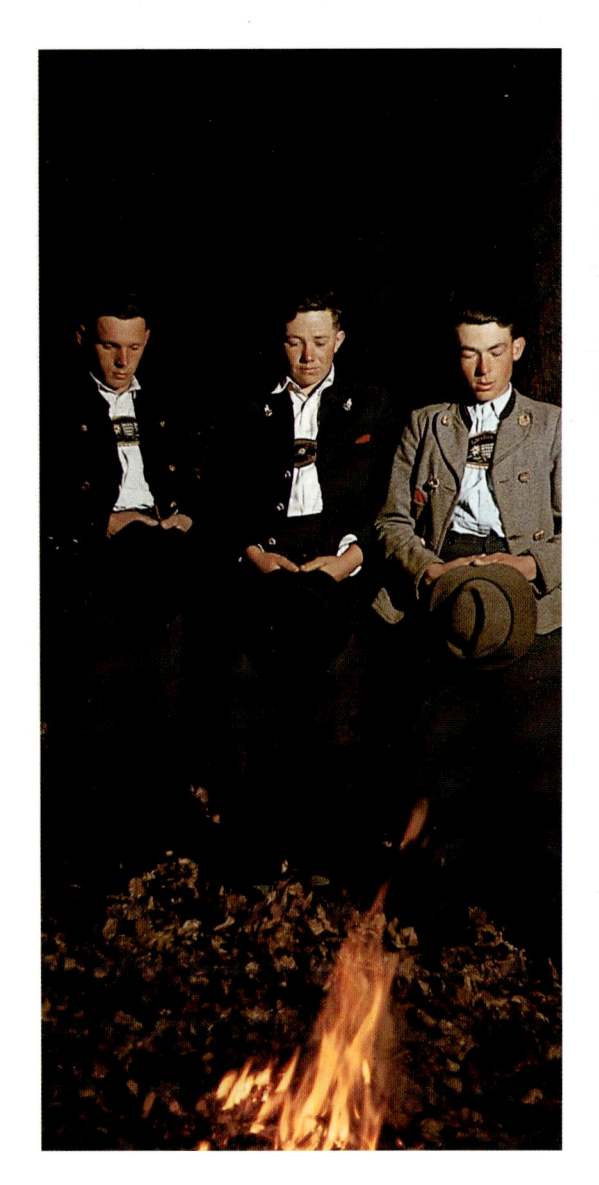

Ein Vaterunser vor dem Fällen des Maibaums am 1. Mai vor dem Gebetläuten

Vierspännig geht die Fahrt auf noch ungeteerten Straßen nach Antdorf

Auf der Straße Weilheim–Antdorf,
im Hintergrund der Schillersberger Hof

178

In Antdorf zieht man am 1. Mai erst nach dem Hauptgottesdienst mit Musik festlich ins Dorf ein

Der Maibaum wird entrindet, während die Mädchen Girlanden binden

Der Maibaum wird eingegraben,
die Erde eingegossen und eingestampft

181

Wird ein Maibaum aufgestellt, so findet in
Antdorf auch das Mailaufen statt

182

Am folgenden Sonntag ziehen die Burschen
durchs Dorf, um die Mädchen abzuholen

Auf ein Signal laufen die Mädchen zu den Burschen; den sie sich erlaufen, müssen sie zechfrei halten

Vier Burschen sind es mehr als Mädchen. Einer bekommt eine Stallaterne und drei einen Stallbesen

An Christi Himmelfahrt wird in Mittenwald der Auferstandene hinaufgezogen

186

Man hat geglaubt, wo sich der Herr hinwendet, daher kommen die ersten Gewitter

Über einen Göpel wird der Auferstandene
langsam »in den Himmel« gezogen

Der »Leckerlbedl«. Die Wallfahrer bringen
den Kindern Leckerl von Andechs mit

189

Andechser Wallfahrtsmarkt, Bußkreuze in Altötting, Wallfahrt Maria Kunterweg

191

In der Woche von Christi Himmelfahrt sind die großen Wallfahrtstage in Andechs, bei denen Bauernleut bis aus der Gegend von Aichach kommen

Seit es große Wallfahrtsstätten gibt, gibt es Devotionalienstände, bei denen man Kerzen
kauft, um sie zu opfern, und kleine Erinnerungen an die Wallfahrt

Andacht am frühen Nachmittag des Pfingstsonntags. Vom »Heiliggeistloch«
fallen Pfingstrosenblätter herab in Erinnerung an die feurigen Zungen, die vom Himmel gefallen sind

Pfingstrosenblätter und Zettel mit frommen Sprüchen fallen vom »Himmel«

Die berühmte Gebirgsschützenkompanie ist von der Fronleichnamsprozession in
Wackersberg, die am darauffolgenden Sonntag wiederholt wird, nicht wegzudenken

Am Trauerband der Veteranenfahne heften
die Orden der verstorbenen Kameraden

Die Wackersberger Schützen tragen besonders zur Festlichkeit des »Umgangs« bei und schießen zu jedem Evangelium ihren Salut

Die Fronleichnamsprozession wird in so manchem Ort am darauffolgenden Sonntag
auf einem anderen, auch kürzeren Weg wiederholt

Der Geistliche mit dem Allerheiligsten und dahinter der Bürgermeister ziehen durch das Spalier der präsentierenden Gebirgsschützen zur Kirche

Nach der Prozession ziehen die Gebirgsschützen mit klingendem Spiel vor das Wirtshaus, um der geistlichen Obrigkeit den gebührenden Salut zu schießen

Die hohen Fahnen bei der Fronleichnamsprozession in Benediktbeuern

Das Recht, die ganz hohen Fahnen zu tragen, hat ehedem der Jahrgang gehabt, der zum Militär gemustert, aber noch nicht eingezogen war

Die Prozession führt über blühende Felder, und die Gebirgsschützenkompanie Benediktbeuern erweist bei jedem Evangelium die Ehrenbezeigung

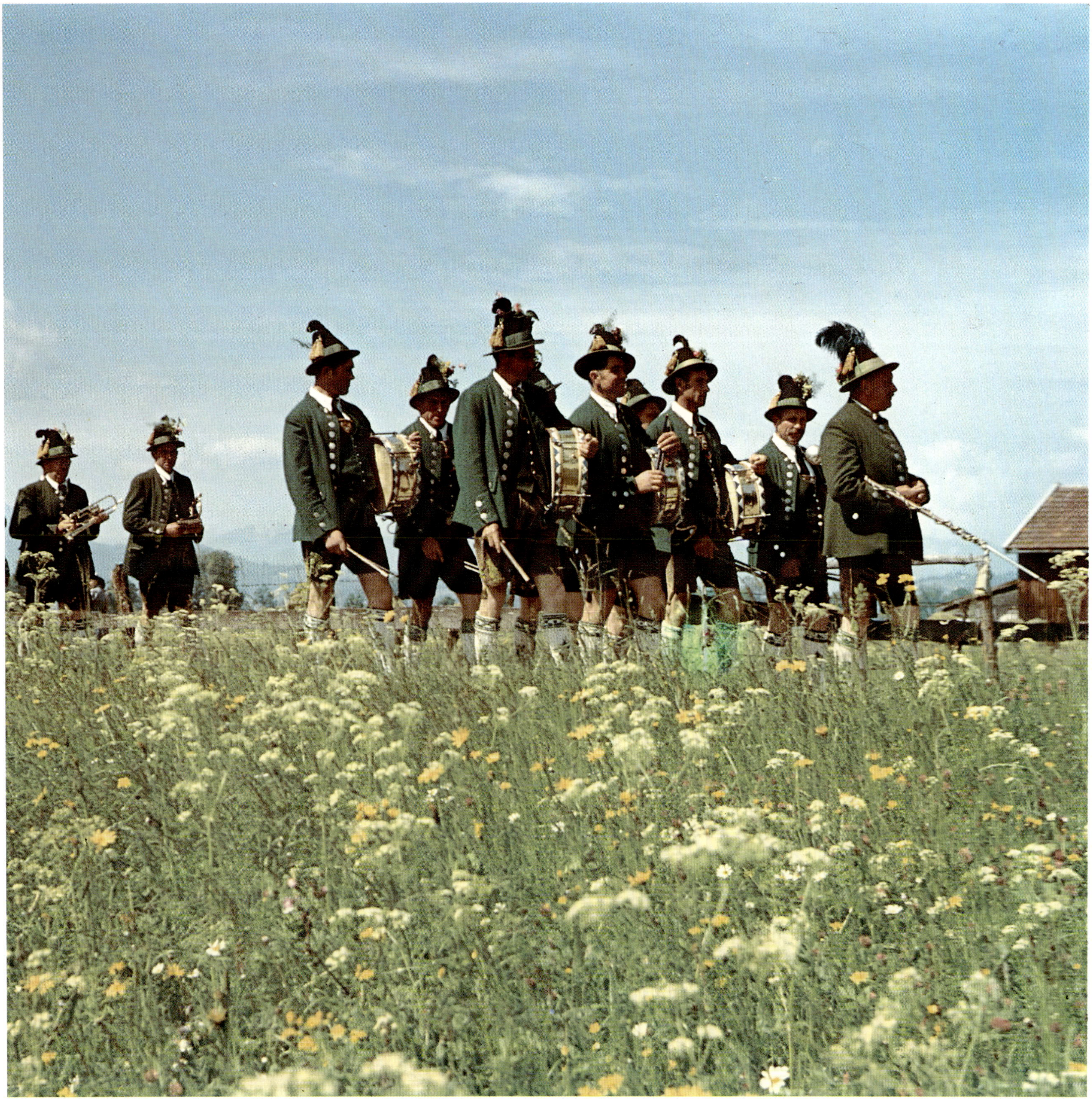

In Benediktbeuern wird das Kopfreliquiar der hl. Anastasia mitgetragen

Ein Zug der Gebirgsschützenkompanie Benediktbeuern eskortiert das Allerheiligste durch den Klosterhof zum Kirchenportal

Die Fronleichnamsprozession auf dem Staffelsee führt von Seehause hinüber zur Insel Wörth

Die Fähre und die Kähne landen am Ufer der Insel Wörth, und die Erstkommunikantinnen finden Hilfe

Die Staffelseeprozession auf der Insel Wörth; unten Fronleichnams-
kranzl, die im Korb mitgetragen werden

Die Gebirgsschützen in der Lenggrieser Pfarrkirche vor Beginn der Prozession

Frauen gehen bei der Prozession hinter dem Allerheiligsten; hier Lenggrieser Bäuerinnen in der Trauertracht

Die Antlaßschützenkompanie Lenggries präsentiert
vor dem Allerheiligsten beim Einzug in die Kirche

Die Spielleute der Gebirgsschützenkompanie Jachenau schlagen zum Segen nach dem ersten Evangelium den Trommelwirbel

Ein Evangelium wird bei einer Jachenauer Fronleichnamsprozession vor einer Feldkapelle gelesen

Die Prozession kehrt vom Umgang zurück zur Kirche St. Nikolaus

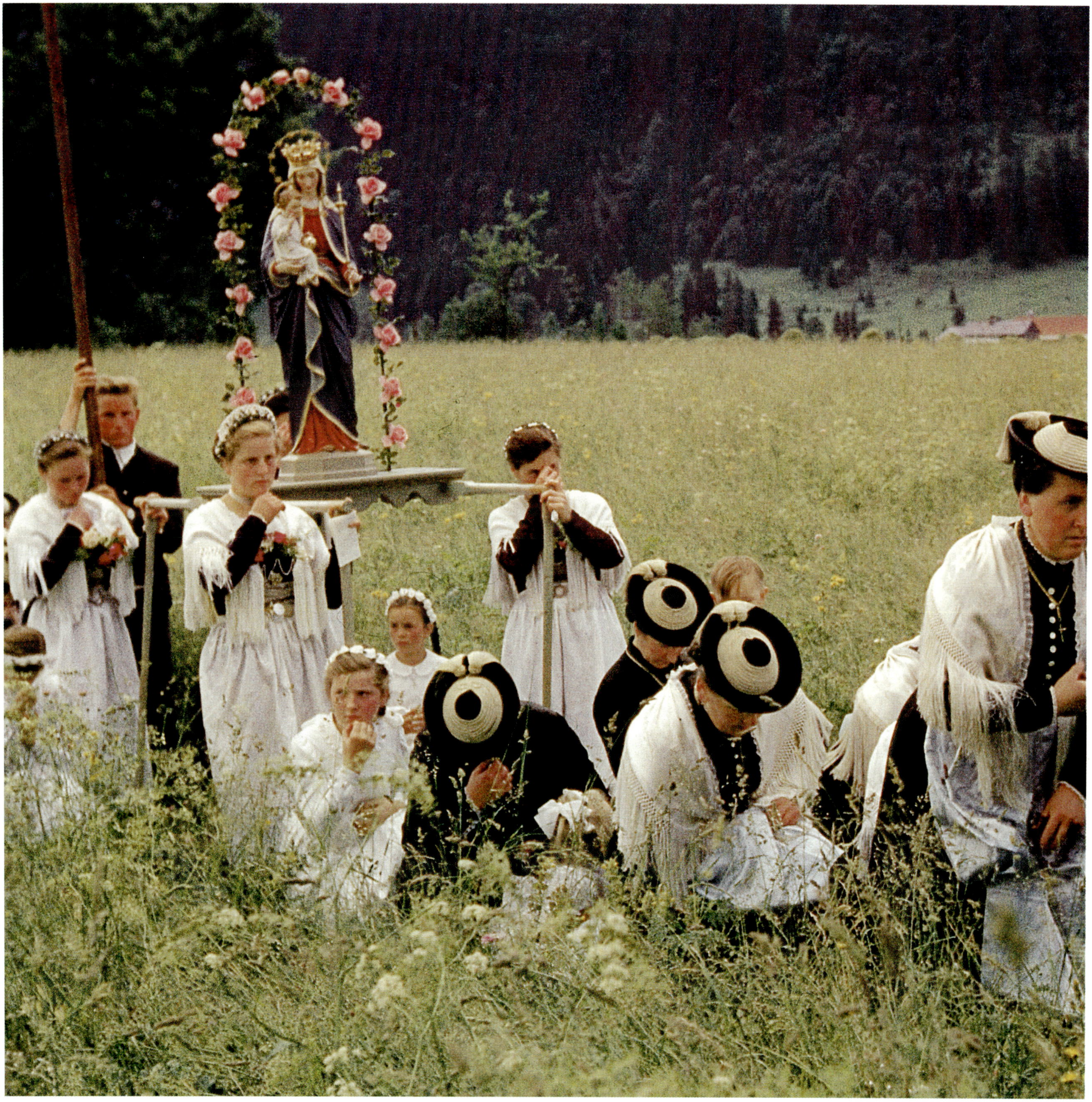

Wie bei allen Prozessionen im Oberland tragen auch in der Jachenau die Jungfrauen, also die unverheirateten Mädchen, Marienfiguren und Figuren von Heiligen

Nach der Prozession marschieren die Schützen vor den Gasthof zur Jachenau, um zum Abschluß den Bürgermeister und Gemeinderat mit einem Salut zu ehren

Als in Peißenberg das Bergwerk noch im Betrieb war, wurde das Fest der Patronin St. Barbara besonders gefeiert

Die Obersteiger und Steiger des Bergwerks marschieren an der Spitze der anschließenden Bergparade

221

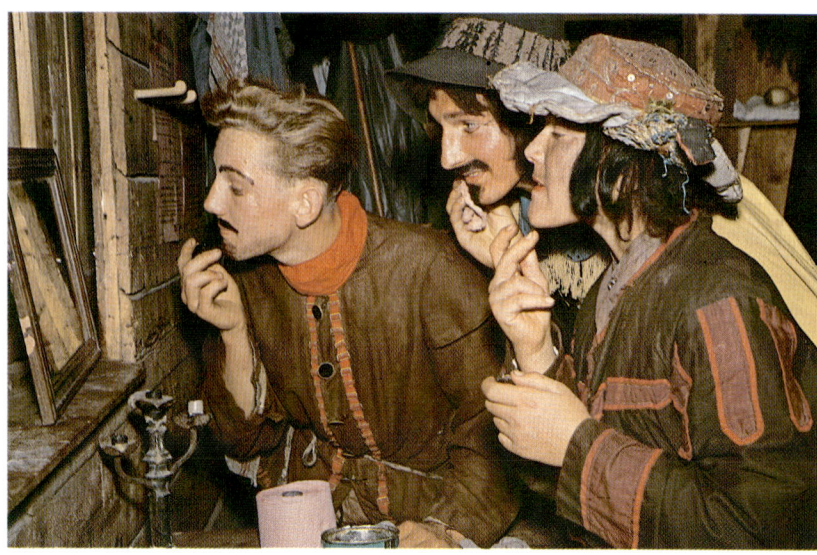

Das Kiefersfeldener Volkstheater spielt noch Ritterstücke aus dem frühen 19. Jahrhundert

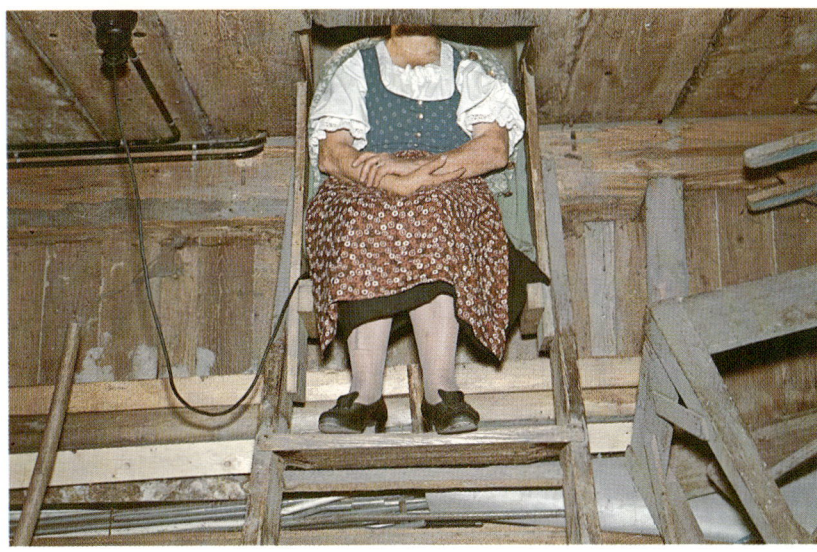

Zu diesen Stücken gehören edle Ritter, ein finsterer Bösewicht, der Kasperl – und die Souffleuse

Die meisten dieser Ritterstücke hat Joseph Schmalz, ein Tiroler Kohlenbrenner, verfaßt.
Nur in Kiefersfelden kann man diese einst so verbreiteten Theaterfreuden noch erleben

Am Ende siegt doch das Gute, der Bösewicht erhält seine gerechte Strafe, und die vom Schicksal so hart geprüften jungen Leute finden endlich zueinander

Auf der Bühne eines Gasthofs in Obersöchering wird das Leben des »Ägyptischen Joseph« gespielt

In den Pausen spielt das Dorforchester, und jeder Akt wird von
den Schutzgeistern eingeleitet

Am Starnberger See hat das Fischerstechen Tradition. Die Kähne der Kontrahenten
werden aufeinander zu manövriert, und es wird so lange gefochten, bis einer ins Wasser fällt

Den Fischerkönig erwartet die Fischerbraut mit der Krone. Das Prinzregent-Luitpold-
Fischerstechen wurde seit 1907 alle fünf Jahre – Kriegsjahre ausgenommen – ausgetragen

Die Fahne des Bundes der bayerischen
Gebirgsschützenkompanien

230

Marketenderinnen der Gebirgsschützen bei einem Treffen in Tölz

Gebirgsschützenhauptleute bei der Fahnenweihe der Tölzer Kompanie

Fahnenweihen sind besondere Feste. Die noch eingerollte Fahne der Tölzer Gebirgsschützen wird bei einem Feldgottesdienst auf dem untern Markt feierlich geweiht

Bei dem anschließenden Festzug marschieren auch die Zimmerleute der Schützenkompanie Lenggries mit. Sie sind eine Erinnerung an militärische Traditionen

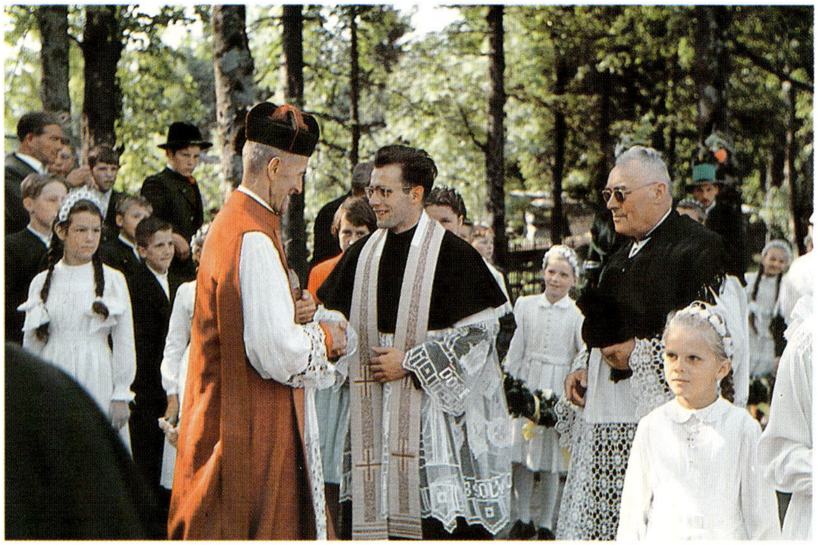

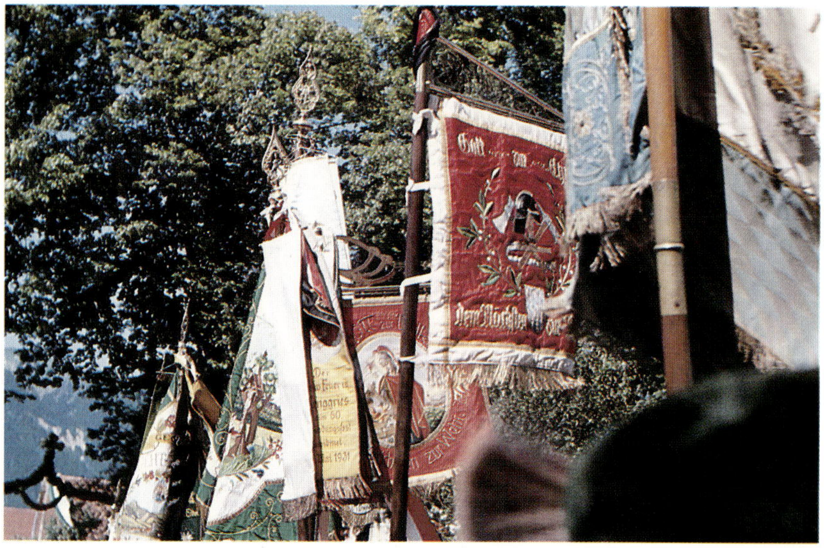

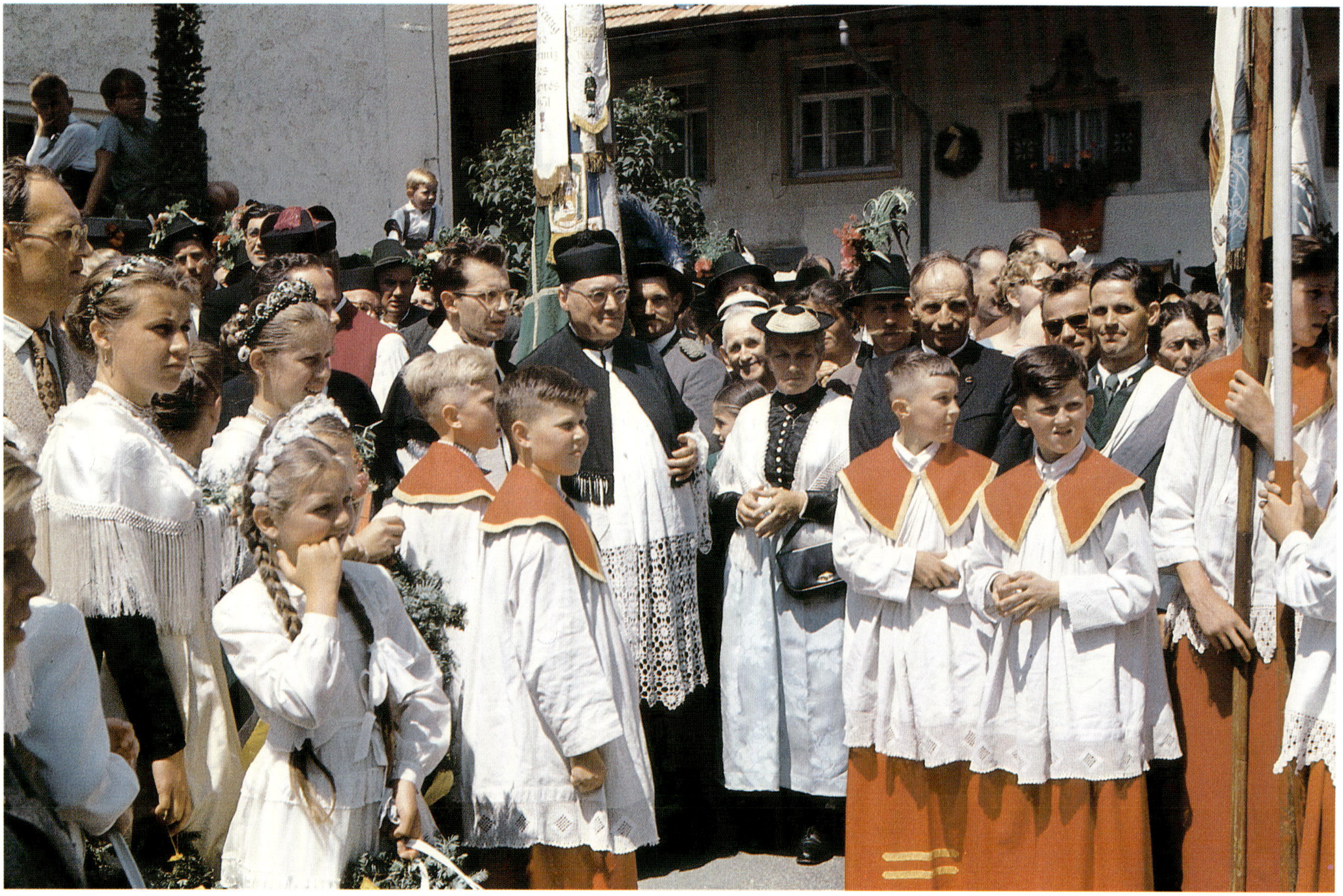

Eine festliche Primiz in Lenggries, ein Fest, bei dem der ganze Ort mitfeiert

In der Diözese Augsburg wird auch der hl. Ulrich als Patron der Pferde verehrt. Ihm gilt
der Ritt von Steingaden zum Kreuzberg Anfang Juli jeden Jahres

237

Die Bauern von Steingaden und Trauchgau treffen sich auf dem Kreuzberg

Nach der Pferdesegnung reitet der Pfarrer mit den Bauern dreimal um die Kirche

239

Der 15. August, der Tag Maria Himmelfahrt, ist auch der Tag der Kräuterweihe

Frauen und Kinder bringen ihre Kräuterbüschl zur Weihe in die Kirche

Gegen Blitz wird bei Gewittern von dem
getrockneten Büschl etwas verbrannt

242

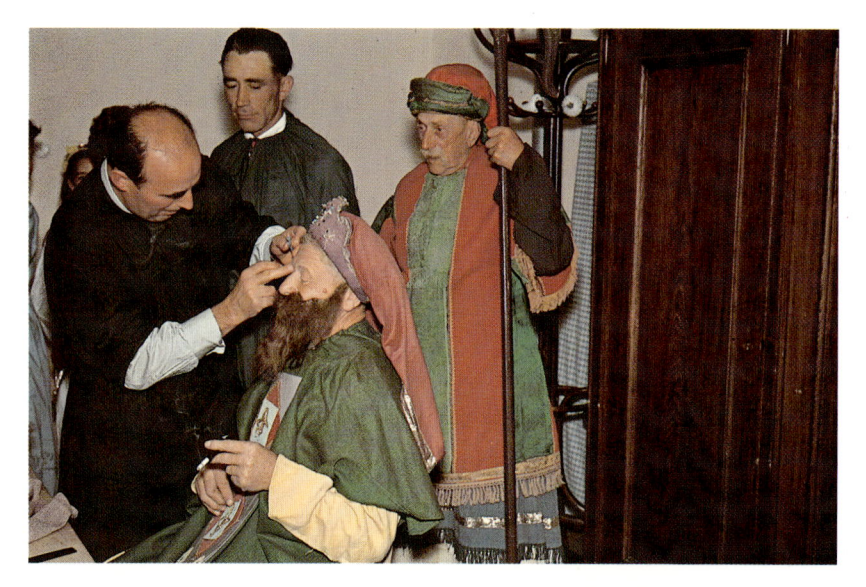

Die Prozession von Vilgertshofen findet
am Sonntag nach Maria Himmelfahrt statt

Links: Der Bader in Aktion. König David,
Moses mit der ehernen Schlange, Judas

Die Stumme Prozession zeigt Figuren des
Alten und Neuen Testamentes

Rechts: Kinder zeigen die Leidenswerkzeuge
und Bilder mit den Wunden Christi

Rechts: Judith und Esther, die Josephsbrüder
König David, Abraham und Isaak

245

Der Ölbergengel, die Schächer, Longinus zu
Pferd und Christus mit dem Kreuz

Veronika mit dem Schweißtuch, römische
Soldaten, Pilatus, Herodes und Kaiphas

247

248

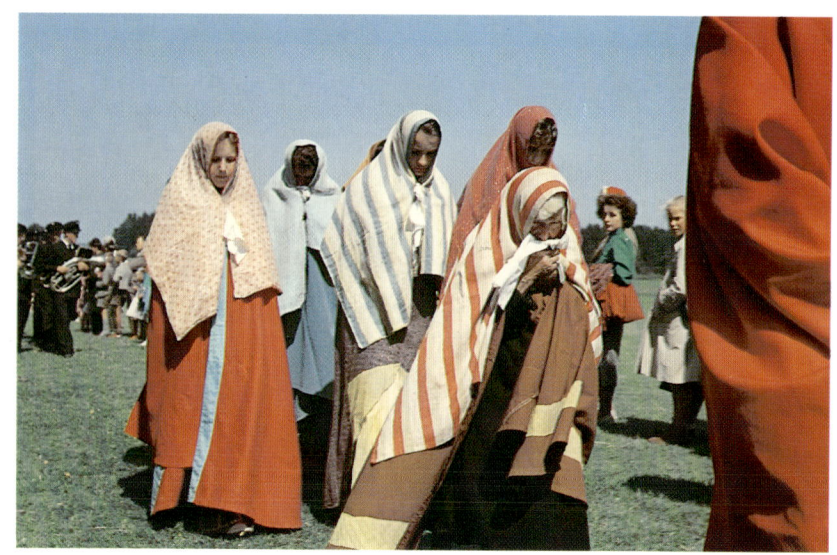

Am ersten Sonntag im Oktober wird überall im Land Erntedank gefeiert

Links: Der Hohe Rat bei der Stummen Prozession von Vilgertshofen

Die Prozession beschließen Maria, Magdalena, Johannes und die trauernden Frauen

Ende September kommt auch in der Gegend von Oberaudorf die Zeit, das Vieh von den Almen zu treiben

250

Glocken werden geputzt, und seit Wochen arbeiten die Sennerinnen an Aufsteckern und Girlanden

Geduldig und stolz tragen die Kühe Aufstecker, Kränze und Spiegellarven

253

254

Rechts:
Almabtrieb ins Tegernseer Tal bei Scharling

Mit Schmuck darf nur abgetrieben werden, wenn auf der Alm kein Stückl Vieh umgestanden ist

Am dritten Sonntag im Oktober wird im
ganzen Land die Große Kirchweih gefeiert

Glockenlaufen in Benediktbeuern und
Kirchweihschnalzen in Froschhausen

257

Früher hat es an Kirchweih in jedem Dorf mindestens eine, wenn nicht mehrere an
Seilen oder Ketten aufgehangene Ladenhutschen, sogenannte »Kirtahutschen«, gegeben

Der Ochsenritt in Bichl war am Kirchweihsonntag und Kirchweihmontag. Tage zuvor schon haben die
Buben ihre Wacholderbuschen mit Weiden kunstvoll umflochten

Eine Hälfte der Ochsen hat Bronzeglocken getragen, die andere geschmiedete

261

Geritten wurde nur der erste Ochse, der mittlere und der letzte. Die andern wurden geführt

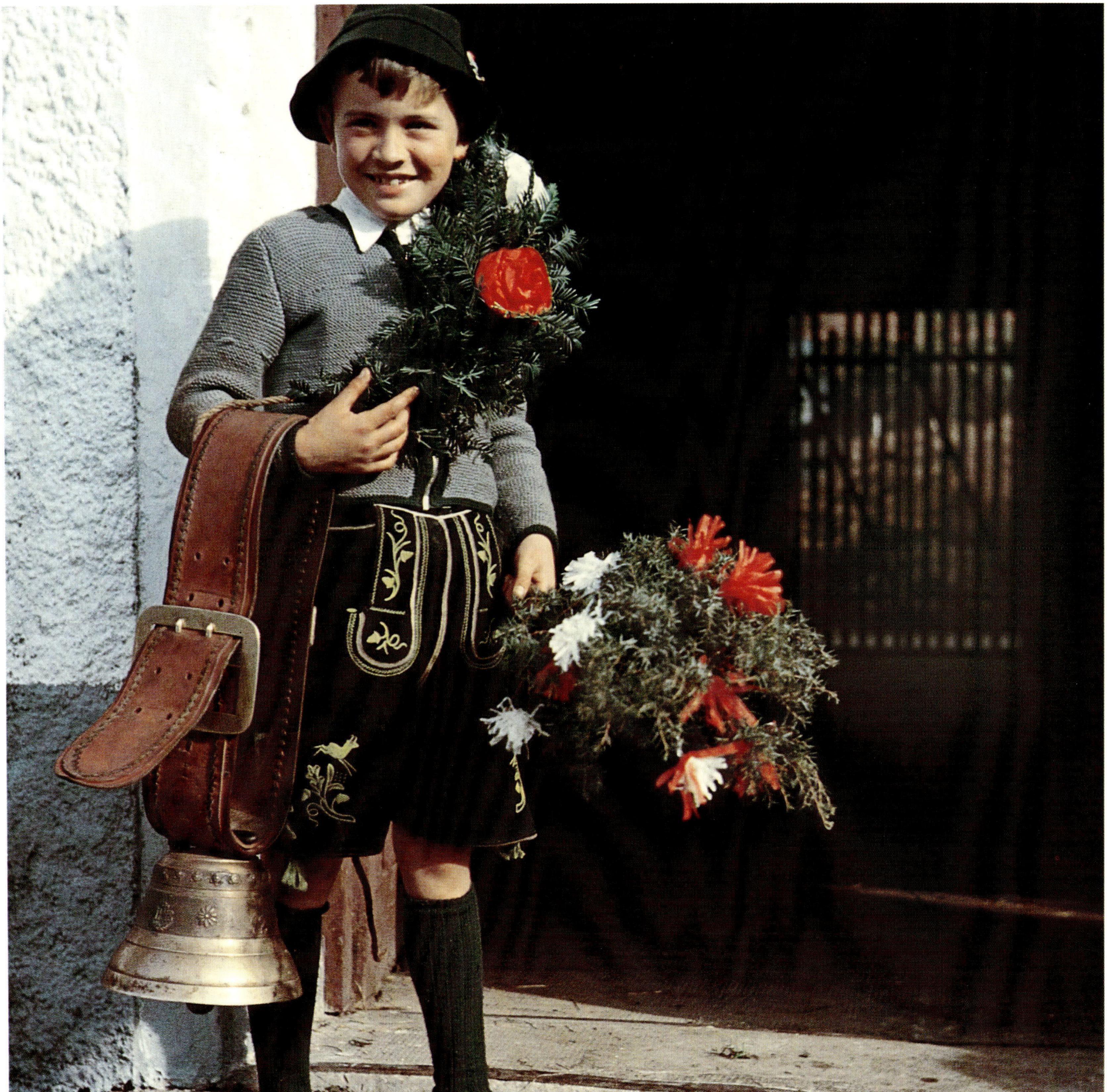

In mühsamer Arbeit werden die »Glander« für die Wagen mit Flechte, Moos und Alpenrosenlaub eingeflochten

Damals wurde in Benediktbeuern die Leonhardifahrt am
6. November, dem Tag des hl. Leonhard, gefeiert

Zu den Leonhardifahrten gehören nicht nur reichgeschmückte Wagen für die Frauen,
Mädchen und Kinder, sondern auch Tafelwagen mit lebenden Bildern

Eines dieser lebenden Bilder gilt der
Marienerscheinung im fernen Lourdes

Vierspännig, mit dem Stoßzügel gelenkt, werden die hohe Geistlichkeit und die Ministranten zur Leonhardskapelle auf den Tölzer Kalvarienberg gefahren

Die Wagen sind auf dem weiten Feld neben der Leonhardskapelle aufgefahren, und die Frauen steigen von dem Truhenwagen, um zum Gottesdienst zu gehen

Eine Eigentümlichkeit der Tölzer Leonhardifahrt sind die Truhenwagen, in der Form
der alten Kastenwagen, in dem die Frauen auch paarweise hintereinander gesessen sind

Wohl nirgends wird in Familien überliefertes Gut sorgsamer verwahrt als gerade in Tölz. Aber einmal im Jahr kommen diese Schätze aus den Truhen – am Leonhardstag

Die Wackersberger Schützenmusik, denn keine Festlichkeit ohne Blasmusik

Heute kommt das Kummet mit dem Dachsfell – Schutz gegen das Böse – zu Ehren

Bei einem Leonhardiritt kann man auch
einen Pfarrer hoch zu Roß erleben

Im Schatten des hl. Leonhard wird in Tölz
auch der hl. Wendelin anerkannt

Nach der Leonhardifahrt findet in Tölz das »Leonhardsdreschen« statt. Was einst das
Böse des herannahenden Winters vertreiben sollte, ist längst zum Sport geworden

In Kreuth wird das Fest des hl. Leonhard an seinem Patronatstag, dem 6. November, gefeiert. Aus der Umgebung fahren die Fuhrwerke zum Gottesdienst

Der Festtag beginnt mit dem feierlichen Kirchenzug hinauf zur Leonhardskirche; die Schützen,
die Vereine, die Bäuerinnen im Schalk marschieren hinter der Musik zum Gottesdienst vor der Kirche

Nach dem Gottesdienst zieht die Prozession von Reitern, Wagen und Pferden auf einem weiten Weg zurück zur Benediktion an der Kirche. Im Hintergrund der Leonhardsstein

Auch hier trägt das Handpferd am Zaumzeug Glocken und am Kummet Bluttuch und Dachsfell,
die auf der Seite, auf der der Fuhrmann nicht sein kann, das Böse abwehren sollten

Zu Allerheiligen ist man dabei, die Gräber besonders zu schmücken, und die Familien
legen schon Wert darauf, daß ihr Grab zu den schönsten auf dem Dorffriedhof zählt

Ist Allerheiligen am Vormittag noch ein froher Festtag, so ist, weil Allerseelen am
2. November als Feiertag ausfällt, der Nachmittag dem Totengedenken gewidmet

Selbstverständlich tragen die Bäuerinnen bei der Andacht an Allerheiligen die Trauertracht, und keinem Bauern würde es einfallen, am Hut Schmuck zu tragen

Nach dem Totengedenken in der Kirche gilt bei der Prozession – der Friedhof und das Gotteshaus gehören ja noch zusammen – der erste Besuch dem Priestergrab

Totengedenkbretter in Holzhausen und bei Traunstein sind eine Aufforderung, für die Toten zu beten

Immer wieder findet man in Kirchen Orden der Veteranen, die an die verstorbenen Kameraden erinnern

Oben: Ebersberg hat für jeden Gefallenen
des Ersten Weltkrieges einen Baum gepflanzt

286

Links von oben: Karner in Jenhausen, Greding und Margarethenberg an der Alz
und Totengedenkbrett in Fischen/Ammersee. Oben: Beinhaus in St. Georgen bei Dießen

Bei dieser Doppeltaufe in der Habacher Kirche sei des »Himmel-Emmerich«, des Mesners,
gedacht, der sich Heiß geschrieben hat und dessen Hausname »Beim Himmel« war

Pfarrer Eugen Job hat, wie sein Mesner auch, viele der Aufnahmen und damit diese
Dokumentation möglich gemacht, auch mit den Bildern dieser Doppeltaufe

Unter den Klängen eines Prozessionsmarsches ziehen die
Erstkommunikanten vom Pfarrhof zur Kirche

Die erste hl. Kommunion in der ehemaligen Kollegiatsstiftskirche von Habach

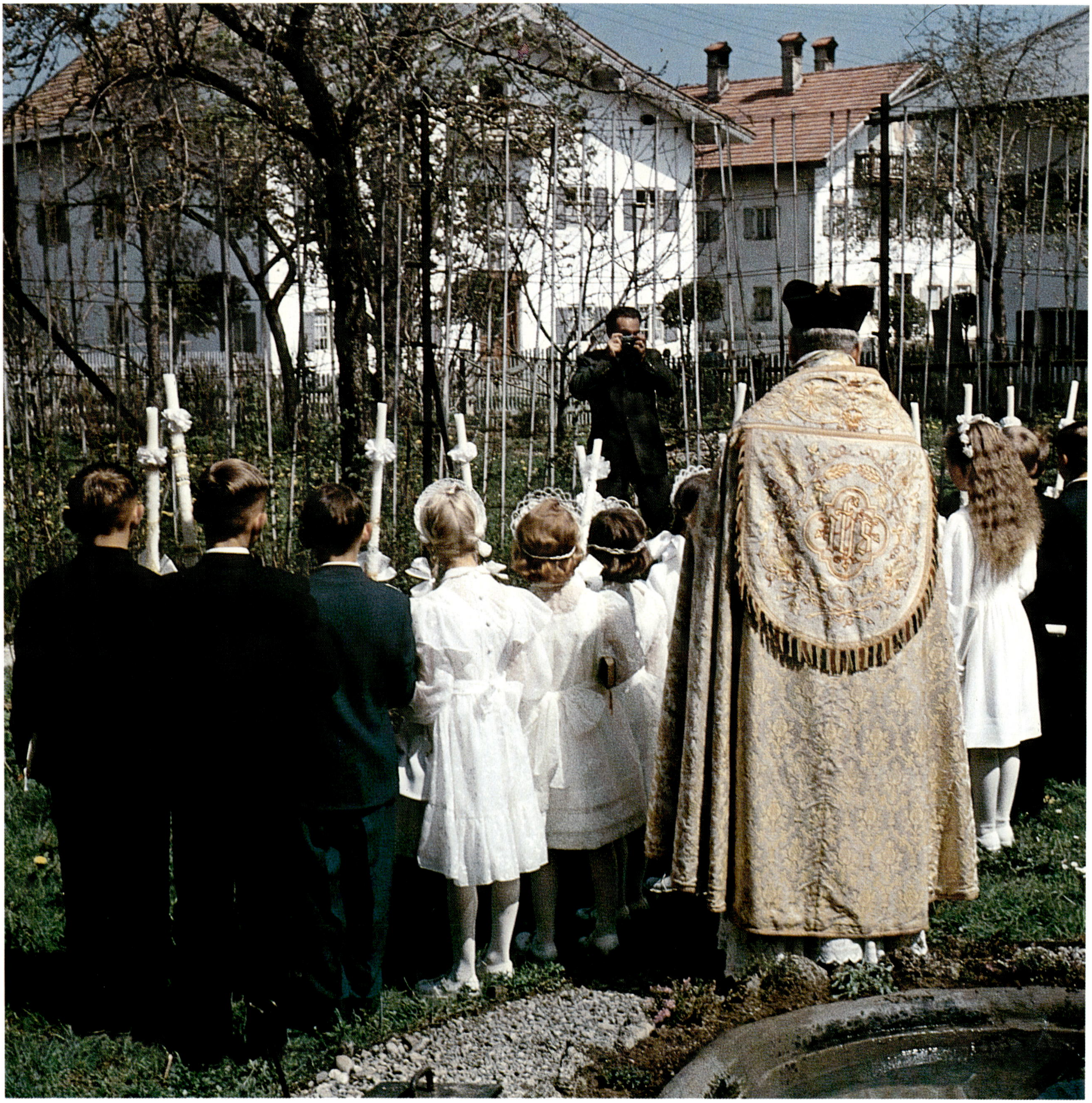

Links: Im Pfarrgarten entsteht ein Erinnerungsbild an die erste hl. Kommunion

Die Firmung in Benediktbeuern durch Bischof Freundorfer von Augsburg

Der Hochzeitstag beginnt noch vor der Kirche beim Wirt mit der Morgensuppe

Dem Gebet für die Verstorbenen der Familien folgt der Dank an die Eltern

Trauung in der Leonhardskirche von
Bauerbach; im Hintergrund ein Trauzeuge

Beim Verlassen der Kirche sperren die
Ministranten mit dem »Cingulum« den Weg

Nach der Trauung werden, wie hier in Haunshofen, auf dem Kirchhof die Gräber der Angehörigen besucht; im Vordergrund rechts der Hochzeitslader

296

Mit einem schneidigen Marsch geht es unter dem Kommando des Hochzeitsladers in
üblicher Reihenfolge zum Wirt: Brautpaar, Mannsbilder und dann die »Weiberleut«

Das Brautpaar und die Mutter des Bräutigams beim Hochzeitsehrenmahl

Nach dem Gebet des Hochzeitsladers beginnt der Hochzeitsschmaus

Die Musikanten spielen auf einem
eigenen Podest zum Ehrtanz auf

Am Abend gehen die Gäste zum »Abdanken«,
zum Glückwünschen und Beschenken

So hat einmal ein Schrank ausgesehen, den eine Braut am Tegernsee bei der Hochzeit
mitbekommen hat, der das Glanzstück des Kammerwagens war und noch heute der Stolz der Familie ist

Zwischen in Mustern gelegten Leinenbahnen stecken Flachs und Wachsstöcke

Bei der Goldenen Hochzeit wird dem Paar das Evangelienbuch zum Kuß gereicht, wofür der Mesner ein Opfergeld erhält. Auch die Ministranten erwarten eine Gabe

303

Wie am Tag der Grünen Hochzeit auch, besucht das goldene Brautpaar zusammen mit
der Verwandtschaft nach dem Gottesdienst das elterliche Grab auf dem Habacher Friedhof

War der Schaffler Rief vor fünfzig Jahren mit der Hochzeitsgesellschaft zum Wirt
gezogen, so feiert er seine Goldene Hochzeit bescheiden daheim

Der Leichenwagen an den Osterseen bringt eine Tote auf ihren letzten Weg, noch sind die Leichenwagen auf dem Land mit Pferden bespannt

Ein Grab in Reichersbeuern. Am Blumenschmuck kann man erkennen, daß die Beisetzung wohl um den April herum gewesen ist, weil man Blumen aus Kunststoff noch nicht kennt

Bilderläuterungen

Seite 57–59

In den fünfziger Jahren hat es am Viktualienmarkt in München noch bedeutend mehr offene Verkaufsstände gegeben als heute. Die Barbarazweige und Nikolausruten sind hier wohl seit eh und je verkauft worden, der Mistelzweig taucht erst nach dem Ersten Weltkrieg auf; der Adventskranz in den dreißiger Jahren.

Der 4. Dezember ist der Tag der heiligen Barbara, der Patronin all derer, die mit Sprengstoff zu tun haben, also der Bergleute und der Artilleristen. Die heilige Barbara hat aber auch ganz allgemein Verehrung im Volk erfahren. Daran erinnern die Barbarazweige, früher ausschließlich Kirschzweige, die man in der Stube ins Wasser stellt, damit sie möglichst an Weihnachten blühen. Im Handbuch der deutschen Volkskunde heißt es: »Der ursprüngliche Sinn der grünen Reiser [ist] erhalten, wenn die Barbarazweige als Weihnachtsbaum aufgestellt oder als Lebensrute zum Schlagen, ›Fitzeln‹, gebraucht werden.« – Ist letzteres ein Fruchtbarkeitsbrauch, so führt uns der Brauch, Laubbäumchen in der Größe einer Fronleichnamsbirke ins Wasser zu stellen und bis Weihnachten treiben zu lassen, ins Fränkische. Den Christbaum aus Laub hat man vereinzelt noch nach dem Zweiten Weltkrieg – z.B. bei einer Bäuerin aus Effeltrich bei Erlangen – finden können.

Der Mistelzweig, meist zu Haus über den Türstock gehängt, ist durch die englischen Kriegsgefangenen des Ersten Weltkrieges in die Familien gekommen. Bei ihnen hat man ihn zum ersten Mal gesehen.

Der Adventskranz kommt, wie der Adventszweig und der Christbaum auch, aus evangelischen Gebieten. In eine katholische Kirche Münchens hat er zuerst um 1937/38 Eingang gefunden, und zwar in St. Sylvester in Schwabing. Heute ist er fast in jeder Familie zu finden. Was vor fünfzig Jahren noch eine Seltenheit war, ist heute selbstverständlich, ja fast schon wieder auf dem Rückzug.

Die Maronifrau in der Münchner Innenstadt und am Rand des Christkindlmarktes war – und ist jetzt wieder – eine Selbstverständlichkeit.

Literatur
O. A. Erich und R. Beitl, Wörterbuch der deutschen Volkskunde, Stuttgart 1974
P. E. Rattelmüller, Bayerisches Brauchtum im Jahreslauf, München 1985

Seite 60–63

Ein besonders hübscher Brauch ist die Herbergssuche, auch Frauentragen genannt. Er soll eine Erinnerung an die Herbergssuche der Muttergottes und des heiligen Joseph in der Stadt Bethlehem sein. Meist sind es Kinder, die diesen Brauch ausüben: Eine Muttergottesfigur oder eine Figurengruppe mit Maria und Joseph wird jeden Tag in ein anderes Haus getragen und dort im Herrgottswinkel abgestellt, wo sie Herberge findet und über Nacht bleibt. Am nächsten Abend kommen die Kinder wieder, singen ein altes Herbergssuche-Lied, holen die Figur oder das Bild wieder ab, tragen es in das nächste Haus und bitten dort wieder um eine Herberge. – In manchen Orten, wie zum Beispiel in Berchtesgaden, wo es die Aufgabe der Ministranten war, ist ein ganz einfaches Spiel vorausgegangen. Die Hausleut haben

nämlich den Einlaß zunächst verwehrt, um ihn dann endlich doch zu gewähren.
Der Nikolaus in der Gemeinde Frauenrain war um 1955 bereits motorisiert. Mit einem kleinen Motorrad ist er von Einöde zu Einöde gefahren.

Literatur
F. J. Bronner, Von deutscher Sitt und Art, München 1908
R. Kriß, Sitt und Brauch im Berchtesgadener Land, München 1947
P. E. Rattelmüller, Bayerisches Brauchtum im Jahreslauf, München 1985

Seite 64–67
Beim Buttmanndllaufen im Loipl bei Berchtesgaden dürfen nur junge Burschen mitmachen, keine verheirateten Männer. Die Zahl der Buttmanndl ist auf zwölf beschränkt, die Zahl der begleitenden Ganggerl (Teufel) nicht. Die zwölf haben bereits im November in einer geheimen Wahl, an einem geheimen Ort, den Buttmanndlmeister gewählt. Die Buttmanndl werden in verschiedenen Bauernhöfen auf dem Tennenboden zusammengerichtet. Wenn sie dann bei Einbruch der Dämmerung auf einem Bichl, einem Hügel, zusammenlaufen, hört man schon von weitem das Scheppern und Kollern ihrer auf den Rücken gebundenen, geschmiedeten Kuhglocken. Oben angekommen, stellen sie sich zusammen mit dem Nikolaus und dem Nikoloweibl, das ihm seine Gaben nachträgt, in einem engen Kreis auf, um das »Vater unser« und das «Gegrüßet seist Du Maria« zu beten.
Die Buttmanndl im Loipl laufen am Abend des ersten, die Buttmanndl in Winkl am 2. Advent. Dort ist allerdings seit den dreißiger Jahren das Nikoloweibl von einem Engel abgelöst worden. Die Larven aus Stoff und Fell, die als Tiermasken gedeutet werden und nicht als Teufelslarven, machen die Burschen selbst. – Die Buttmanndl sind deshalb mit Weihwasser besprengt worden, weil sich, der Sage nach, einmal ein dreizehntes eingeschlichen habe; und das sei der Leibhaftige gewesen.

Literatur
R. Kriß, Sitt und Brauch im Berchtesgadener Land, München 1947
P. E. Rattelmüller, Bayerisches Brauchtum im Jahreslauf, München 1985
P. E. Rattelmüller, Auf Weihnachtn zua, München 1976

Seite 68/69
Die Sitte in Fürstenfeldbruck, am Luzientag, dem 13. Dezember, kleine Häusl zu illuminieren, in die Amper zu setzen und fortschwimmen zu lassen, hat ihren Ursprung in einem Flußopfer, das wohl als Opfer gegen Überschwemmungen entstanden ist. Rechnungen des alten Klosters Fürstenfeld zeugen davon. In den fünfziger Jahren des 19. Jahrhunderts ist dieser Brauch abgekommen. Nach dem Zweiten Weltkrieg hat ihm der Lehrer Kachelriß mit seiner Schulklasse zu neuem Leben verholfen.

Literatur
P. E. Rattelmüller, Auf Weihnachtn zua, München 1976

Seite 70/71
Der Münchner Kripperlmarkt war ehedem ein eigener Markt in den Anlagen der Sonnenstraße zwischen der Einmündung der Landwehrstraße und dem Sendlinger-Tor-Platz. Nach dem Zweiten Weltkrieg ist er ein Teil des Christkindlmarktes geworden, der damals südlich des Viktualienmarktes an der Blumenstraße einen neuen Platz gefunden hat.
Adventsingen hat es vor dem Zweiten Weltkrieg nicht gegeben. Sie sind nach dem Krieg aus einem Bedürfnis heraus entstanden. Sie wurden durch die Wiederentdeckung und Wiederbelebung von Volksmusik und Volkslied, vor allem des geistlichen Volksliedes, möglich. Ist so manches Adventsingen durch den Einfluß des Salzburger Singens zu einer nicht recht geglückten Kopie, gar zu einer fragwürdigeitlen Literatenveranstaltung geworden, so hat man für das Adventsingen und

-spiel in Ottobrunn 1952 erstmals die Form einer Andacht gewählt. Es wurde aus dem Evangelium nach Lukas gelesen und stumm dazu gespielt. Die Spieler haben nur gesprochen, wo das Evangelium die direkte Rede verwendet. Zum Beispiel bei der Verkündigung, wo es heißt: »und der Engel sprach: ›Gegrüßet seist Du Maria …‹ – Und Maria antwortete: ›Ich bin eine Magd des Herrn …‹«.

Seite 72
Die figürliche Darstellung des Weihnachtsgeschehens kennt man zunächst, außer natürlich auf Bildern, in festgefügten, nicht veränderbaren Figurengruppen in Stein oder Holz. – Die Weihnachtskrippe, wie wir sie heute kennen, setzt Einzelfiguren voraus, die man versetzen, die man unter Umständen in ihrer Stellung verändern kann. Der Krippenbauer führt mit seinen Figuren Regie, er spielt mit ihnen, so wie es der alte Schäfflermeister Rief von Habach auch getan hat. Seine Krippe hat fast ein Viertel seiner Wohnstube eingenommen und die Kinder sind schon Tage vor Weihnachten »Um's Krippla-Schaun« gekommen, weil der Hirt seine Schafe jeden Tag an einer anderen Stelle hat weiden lassen. Und wie aufregend ist es gewesen, wenn erst die leere Krippe aufgestellt worden ist, wenn endlich Ochs und Esel eingezogen sind, und wie prachtvoll, wenn die Hirten zum Christkind gekommen sind, um es anzubeten.

Literatur
W. Döderlein, Alte Krippen, München 1960
W. Döderlein (Hrsg.), Krippengeschichten, München 1963

Seite 73
Der Christbaum kommt zu Beginn des 19. Jahrhunderts nach München. Seinen Weg hinaus auf das Land macht er erst gegen Ende des Jahrhunderts, in den achtziger und neunziger Jahren, ins Voralpenland und die Berge sogar erst um 1900. Bald danach findet man ihn schon auf den Gräbern. Da Friedhof und Kirche damals noch zusammengehören, entsteht der Brauch, auf dem Weg zur Christmette die Lichter auf den Bäumen anzuzünden.

Literatur
R. Pinzl u. G. Tögel, Der Christbaum, München 1968
R. Kriß, Sitt und Brauch im Berchtesgadener Land, München 1947

Seite 74/75
1927 hat der damalige Lehrer Max Peinkofer Hinweise auf den Brauch der Krippenlegung entdeckt, den Benediktinern des Klosters Niederaltaich davon erzählt. So ist die feierliche Krippenlegung 1927 in diesem Kloster zu neuen Ehren gekommen. Dieser Brauch findet so großen Gefallen, daß er 1929 und 1930 sogar in das neue Rituale der Diözese Passau aufgenommen wird. Bereits in der Christnacht 1930 wird die Krippenlegung in vielen Pfarrkirchen der Diözese Passau gefeiert. Vereinzelt findet sie auch in oberbayerischen Kirchen Eingang; zum Beispiel in der Pfarrkirche von Obersöchering bei Murnau.

Literatur
M. Peinkofer, Der Brunnkorb, Passau 1977
P. E. Rattelmüller, Auf Weihnachtn zua, München 1976

Seite 76/77
Die Gebirgsschützenkompanien waren bis zum 31. Dezember 1869 ein Teil der regulären Landwehr. Danach haben nur wenige in Form einer freiwilligen Vereinigung weiterbestanden. Als sich der Aufstand der Oberländer Bauern gegen die österreichische Besatzung 1905 zum zweihundertsten Mal jährt, gründen sich ohne staatliches Zutun von neuem einige Gebirgsschützenkompanien. Als sich die Sendlinger Bauernschlacht zum zweihundertfünfzigsten Mal jährt, werden weitere Kompanien neu gegründet, unter ihnen die von Tölz. Ihr erstes Auftauchen am Heiligen Abend 1955 auf dem Kalvarienberg war mit einer Andacht für die 1705 gefallenen Bauern verbunden. Anschließend ist die neugegrün-

dete Kompanie geschlossen zur Christmette in die Stadtpfarrkirche von Tölz marschiert.

Literatur
P. E. Rattelmüller, Mit Gott für König und Vaterland. Die bayerischen Gebirgsschützen, München 1970

Seite 78/79
Seit es das Schießpulver und damit auch im Berchtesgadener Land Feuerwaffen gibt, weiß man von immer wiederkehrenden Schießverboten, vor allem in der Weihnachtszeit. Allen Verboten – ob von Seiner fürstlichen Gnaden, dem Augustinerpropst, der ja gleichzeitig Landesherr war, oder von Seiner Gestrengen, dem königlichen Landrichter – war eines gemeinsam: sie sind nie befolgt worden. Als dann 1887 der erste offizielle Weihnachtsschützenverein gegründet wird, kommt das Schießen in geordnetere Bahnen. Mitte der fünfziger Jahre, als diese Aufnahmen entstanden, haben die Weihnachtsschützen für das Jahr gut achtzigtausend Zündhütl und etwa dreißig Zentner Pulver bestellt, wovon das meiste an Weihnachten und Silvester verbraucht worden ist. Die schweren Rad-Böller waren einmal ein Teil der Landesverteidigung des ehedem reichsfreien Augustiner-Chorherrenstiftes.
Die Doppelbelichtung auf dem Bild rechts unten ist durch den Blitz einerseits und den Feuerschein andererseits zustande gekommen.

Literatur
R. Kriß, Sitt und Brauch im Berchtesgadener Land, München 1947
P. E. Rattelmüller, Auf Weihnachtn zua, München 1976

Seite 80/81
Frühgottesdienst am Neujahrstag in der Ramsau bei Berchtesgaden. Die Frauen haben auch an diesem Tag, ehe sie in die Kirche gegangen sind, das Familiengrab besucht und die Kerzen auf den Christbäumchen entzündet.

Der Hauptgottesdienst war natürlich auch damals erst um zehn Uhr.

Seite 82
Der Schaffler Rief von Habach baut – nachdem er den Zug der Hl. Drei Könige jeden Tag dem Stall von Bethlehem hat näher kommen lassen – die Krippe am Vorabend von Drei-König endgültig um.
Am Vorabend von Drei-König wird in der Kirche Salz, Weihrauch und Kreide geweiht: Salz für die Familie, aber auch für das Vieh, dem man Dreikönigssalz unter das Futter gemischt, oder vor dem Almauftrieb, auch bei Krankheit, gegeben hat. Der Weihrauch war für die Glutpfanne bestimmt, mit der man durch Haus und Stall räuchern gegangen ist. Mit der geweihten Kreide hat man das K + M + B an die Türen geschrieben.

Literatur
F. Hager und H. Heyn, Drudenhax und Allelujawasser, Rosenheim 1975
P. E. Rattelmüller, Auf Weihnachtn zua, München 1976

Seite 83
Während der Bauer das Kaspar, Melchior, Balthasar, so wie er es gelernt hat, in der alten deutschen Schrift schreibt, schreibt der Pfarrer seine Buchstaben lateinisch.

Literatur
F. J. Bronner, Von deutscher Sitt und Art, München 1908
R. Kriß, Sitt und Brauch im Berchtesgadener Land, München 1947
P. E. Rattelmüller, Auf Weihnachtn zua, München 1976

Seite 84–87
Das Sternsingen, ein Brauch, der sich auf einst einmal aufwendigere Dreikönigsspiele zurückführen läßt, war im alten Europa verbreitet. Auch wenn aus dem Sternsingen ein Bettelbrauch geworden war, so hat man sich in den Häusern doch auf die singenden »Könige« gefreut. Ihre guten Wünsche haben nämlich als ein gutes Omen für das neue Jahr gegolten.

311

Mitte der fünfziger Jahre hat es im Oberland, im Gegensatz zum Bayerischen Wald, kaum mehr Sternsinger gegeben. Man hat sie suchen müssen. Haben damals die Sternsinger von Weilheim noch für sich gesammelt, so waren die von Seeshaupt mit die ersten, die im Auftrag ihrer Pfarrei für gute Zwecke gesammelt haben.

Literatur
F. J. Bronner, Von deutscher Sitt und Art, München 1908
P. E. Rattelmüller, Auf Weihnachtn zua, München 1976
P. E. Rattelmüller, Bayerisches Brauchtum im Jahreslauf, München 1985
H. Moser, Volksbräuche im geschichtlichen Wandel, München 1985

Seite 88–90
Die Knappen des Salzbergwerkes Berchtesgaden feiern Jahr für Jahr, der Überlieferung nach seit 1528, in der Dreikönigsoktav, also an einem Tag in der auf den Dreikönigstag folgenden Woche, ihre Bergweihe. In Halbparade, in weißer Uniform mit Schachthut ohne Federbusch, ziehen die Knappen, jeder eine brennende Kerze in der Hand, begleitet vom Ortsgeistlichen, den Rosenkranz betend, durch die Stollen. In einer Prozession, einer hinter dem anderen. Unter Tag werden auch die vier Evangelien gelesen. – Nur während des Dritten Reiches wurde dieser Brauch für wenige Jahre unterbrochen. Und genau in jenem ersten Jahr des Verbots hat es im Bergwerk seit Menschengedenken den ersten tödlichen Unfall gegeben.
Wie in anderen Häusern am Vorabend des Dreikönigstages oder am 6. Januar selbst, so schreibt der Geistliche des Marktes Berchtesgaden das K + M + B nach der Bergprozession an die Türe zur Bergkaue.

Literatur
R. Kriß, Sitt und Brauch im Berchtesgadener Land, München 1947
P. E. Rattelmüller, Bayerisches Brauchtum im Jahreslauf, München 1985

Seite 91
Seit dem 11. Jahrhundert wird jedes Jahr am 3. Februar in der Kirche der Blasiussegen erteilt. Der Geistliche hält zwei gekreuzte Kerzen an den Hals des Gläubigen und spricht segnend: »Durch die Anrufung des heiligen Bischofs und Märtyrers Blasius befreie und bewahre dich der Herr von allen Übeln, im Namen des Vaters, des Sohnes und des Heiligen Geistes. Amen.« Der heilige Blasius, einer der vierzehn Nothelfer, ist ursprünglich Arzt zu Sebaste in Armenien gewesen, dann zum Bischof berufen und am Ende wegen seines Glaubens hingerichtet worden. Kurz vor seiner Enthauptung habe er Gott gebeten, Er möge doch allen helfen, die ihn wegen irgendwelcher Leiden, insbesondere wegen Halsleiden, um Hilfe anrufen. Der heilige Blasius ist schon im 6. Jahrhundert gegen Halskrankheiten aller Art angerufen worden.

Literatur
E. u. H. Melchers, Das große Buch der Heiligen, München 1978
Martin v. Cochem, Verbesserte Legende der Heiligen ..., München und Mindelheim (o.J., um 1720)

Seite 92–96
Das Schellenrühren war und ist im Werdenfelser Land daheim. Am meisten bekannt geworden ist das von Mittenwald, das am »Unsinnigen Donnerstag« stattfindet, es sei denn, der »Unsinnige« fällt auf den Agathentag, den 5. Februar. Ist das der Fall, wird das Schellenrühren auf den Fasnachtssonntag verschoben. Zwei Mal, so erzählt man sich, sind die Mittenwalder Schellenrühren gegangen, als der »Unsinnige Donnerstag« auf den Agathentag gefallen ist, und beide Male ist ein verheerendes Feuer ausgebrochen, das jeweils ein ganzes Viertel von Mittenwald in Schutt und Asche gelegt hat. – Der ursprüngliche Sinn des Schellenrührens war wohl, wie bei so vielen Bräuchen, die mit Lärm, mit Krachmachen zu tun haben, das Böse zu vertreiben, das Gute zu wecken.

Literatur
P. E. Rattelmüller, Bayerisches Brauchtum im Jahreslauf, München 1985

Seite 97–99
Auch die Jaklschutzer ziehen am »Unsinnigen Donnerstag« durch die Straßen von Mittenwald. Sie prellen den Jakl, eine Strohpuppe, mit einem Tuch hoch in die Luft. Man geht wohl nicht fehl, wenn man in dieser Strohpuppe ein Symbol für den Winter vermutet, der aus dem Land hinausgeschutzt werden soll, auf daß es endlich Frühjahr werde. – Als Larven benutzen die Jaklschutzer die Ohrenfliegenschutznetze für Pferde. An den herunterhängenden Ohren aus Stoff kann man das erkennen.

Literatur
F. J. Bronner, Von deutscher Sitt und Art, München 1908
P. E. Rattelmüller, Bayerisches Brauchtum im Jahreslauf, München 1985

Seite 100
Der »Flechtenmo«, der damals bei der Garmischer Fasnacht aufgetaucht ist, hat sein Vorbild ohne Frage im nahen Tirol. Dort hat es Erlasse gegeben, die diese Figur verboten haben, weil immer wieder einmal Racheakte vorgekommen sind, bei denen so ein »Flechtenmo« von seinen Widersachern angezündet worden ist.

Literatur
F. J. Bronner, Von deutscher Sitt und Art, München 1908
A. Dörrer, Tiroler Fasnacht, Wien 1949
P. E. Rattelmüller, Bayerisches Brauchtum im Jahreslauf, München 1985

Seite 101
Die Pfannenflicker sind eine typisch Mittenwalder Fasnachtsgruppe. Sie mag ihren Ursprung in der Parodie auf die echten Pfannenflicker gehabt haben, die einst in Scharen aus dem Friaul und Oberitalien gerade über Mittenwald ins Land gekommen sind, um von Haus zu Haus ihre Dienste anzubieten.

Seite 102
Die Kinderfasnacht wird in Partenkirchen am »Unsinnigen Donnerstag« gefeiert. Wie bei den »Kanonieren« zu sehen ist, wurden damals, und werden immer noch, in der Fasnacht Kleidungsstücke verbraucht – wie zum Beispiel der Schiffhut eines königlich-bayerischen Beamten – die inzwischen längst zum teuer bezahlten Sammelgut geworden sind.

Seite 103
Die »Altweibermühle« ist keine Besonderheit der Werdenfelser Fasnacht; sie war vielmehr weit verbreitet. In dieser »Mühle« hat man die »alten Weiber« nur oben hineinzustecken brauchen, und schon sind sie unten blutjung wieder herausgekommen.

Seite 104
Die Partenkirchener Schellenrührer laufen, im Gegensatz zu denen von Mittenwald, allein hinter einem Vortänzer.

Seite 105
Der Ort heißt heute zwar Garmisch-Partenkirchen und ist eine Gemeinde, aber die alten Garmischer und Partenkirchener wollen recht wenig miteinander zu tun haben und wahren ihre eigenen Traditionen sehr bewußt. Auch in Garmisch tanzt der Schellenrührer allein hinter seinem Vortänzer durch die Straßen.

Seite 106/107
Der Mann im Flecklesgewand ist eine Fasnachtsgestalt, die man rund um die Zugspitze kennt, also auch in Tirol. Mancher »Flecklsmo« hat auch einen kleinen Rußbeutel, mit dem er die jungen Mädchen und Kinder anrußt, d.h. anschwärzt.
Das »Mühlrad« ist ein Baumstamm, an dessen Ende ein Wagenrad montiert ist. Das Rad hat immer Berührung mit dem Boden, auf welche Seite es auch kippt. Je schneller der Stamm gezogen wird, desto schneller dreht sich das Rad. Es dreht sich dann so schnell, daß sich die beiden auf dem Rad nur mit Hilfe des durch die Radnabe gesteckten Stockes mühsam halten können.

313

Seite 108/109
Wie lebendig das Fasnachtstreiben im Werdenfelser Land ist, mag man daran erkennen, daß bald nach Kriegsende neue Larven geschnitzt worden sind.
Bei der Gestalt oben links steckt nur hinter einer Larve ein Gesicht, nämlich hinter der im Korb. Die andere mit Oberkörper ist nur vorgebunden.

Literatur
Zur Fasnacht rund um die Zugspitze
F. J. Bronner, Von deutscher Sitt und Art, München 1908
A. Dörrer, Tiroler Fasnacht, Wien 1949
P. E. Rattelmüller, Bayerisches Brauchtum im Jahreslauf, München 1985

Seite 110/111
Das Maskentreiben am Faschingsdienstag auf dem Münchner Viktualienmarkt wurde schon Mitte der fünfziger Jahre eine Attraktion für die aufkommende Fremdenwerbung, und seit dieser Zeit sind die Maskierten eher noch weniger geworden, die neugierigen Zuschauer dafür immer mehr.

Seite 112–115
Die mündliche Überlieferung behauptet, der Münchner Schäfflertanz habe seinen Ursprung in der Pestzeit des 16. Jahrhunderts, vielleicht auch in der des Dreißigjährigen Krieges. Die Schäffler seien, nachdem die Pest abgeklungen ist, die ersten gewesen, die durch die ausgestorbenen Straßen getanzt sind und die Menschen aus ihren Häusern gelockt haben. Der erste urkundliche Nachweis stammt allerdings erst aus dem Jahr 1702. Die Musik dazu ist nur aus dem 19. Jahrhundert bekannt. Der heute noch gespielte Schäfflertanz stammt von dem Münchner Militär-Obermusikmeister Wilhelm Siebenkäs (1824–1888).

Literatur
G. Kapfhammer, C. J. Lachner und F. Derra de Moroda, Der Münchner Schäfflertanz, München 1976

Seite 116/117
Beim Faschingszug in Benediktbeuern, am Faschingsdienstag nachmittags, sind damals die meisten Wagen und Schlitten noch von Pferden und Ochsen gezogen worden; von maskierten Ochsen im Kummet oder Stirnjoch, denn kaum ein Bauer hat in jenen Jahren einen Traktor gehabt. Damals hat man auch keine gesalzenen Straßen gekannt, folglich hat man auch auf der Straße mit Schlitten fahren können.

Seite 118/119
Eine uralte und vor allem auch in Tirol weitverbreitete Fasnachtsfigur war der Bärentreiber. Er mag sein Vorbild in den welschen Bärentreibern und Zigeunern haben, die mit ihrem Bären durch die Dörfer und Märkte gezogen sind, um ihn gegen geringes Entgelt, zum Rhythmus des Tamburins oder der Trommel, tanzen zu lassen. Weil aber der Bärentreiber gerade in der Fasnacht auftaucht, mag auch der Gedanke naheliegen, daß mit dem Bären der Winter gemeint ist, den man vertreiben will. Nicht von ungefähr waren diese »Bären« oft »Eisbären«, während der wirkliche Tanzbär ein kleiner, graubrauner europäischer Bär war.
Seit dem vorigen Jahrhundert, vor allem wohl seit die Bücher von Karl May den Markt erobert haben, spielen zunächst in den Städten, später auch auf dem Land, die Indianer beim Fasnachtsstreiben eine große Rolle.

Seite 120–122
Das sogenannte »Haberfeldtreiben« am Nachmittag des Faschingsdienstags in Benediktbeuern ist eine Besonderheit. Mit dem echten »Haberfeldtreiben«, einem zum Teil ganz üblen Femegericht mit den entsprechenden Auswüchsen, hat das nichts zu tun. Man hat zwar den Namen übernommen, aber im Grund handelt es sich um das alte Fasnachtsrügegericht, wie man es vor allem im Schwäbischen gekannt hat. All die »Schandtaten« und Mißgeschicke der Dorfbewohner hat damals

314

der Sindlhauser Peter, seines Zeichens Bauer und begehrter Hochzeitslader, fleißig das Jahr über gesammelt, um sie am Faschingsdienstag vom Balkon des Cafés Lugauer aus in Reimform laut zu verkünden. Und jedesmal, wenn er eines seiner Opfer durchgelassen hat, hat er lauthals gerufen: »Buam, is des wahr?« Und die »Haberer« haben im Chor geantwortet: »Ja – wahr is'!« und dabei mit den Kuhschellen – »Haf'n« sagt man dort dazu – den entsprechenden Krach gemacht.

Literatur
P. E. Rattelmüller, Bayerisches Brauchtum im Jahreslauf, München 1985

Seite 123
Die Fastenzeit beginnt seit dem 7. Jahrhundert am Aschermittwoch. In der Kirche wird den Gläubigen, die es wünschen, am Kommunionsgitter Asche auf das Haupt gestreut oder mit Asche das Kreuzzeichen auf die Stirn gezeichnet. »Staub bist du und wirst wieder zu Staub werden«. Die Asche stammt von verbrannten Palmzweigen des vergangenen Jahres.

Literatur
O. Erich und R. Beitl, Wörterbuch der deutschen Volkskunde, Stuttgart 1974

Seite 124–131
In den fünfziger Jahren finden die Ölbergandachten noch an den Donnerstagen in der Fastenzeit statt. Um dem Volk das Geschehen im Garten Gethsemane vor Augen zu führen, haben so manche Altäre der Barock- und Rokokozeit hinter dem Altarblatt eine Bühne. Das Altarblatt kann man herausnehmen oder, wie zum Beispiel in Dießen am Ammersee, versenken. Auf der Bühne wird während der Andacht die Nacht am Ölberg mit einer meist lebensgroßen Christuspuppe dargestellt. Es ist ein Brauch, der wohl durch die Jesuiten im Zeichen der Gegenreformation aufgekommen ist. Die Christusfigur kann das Haupt senken, die Hände falten und nach vorn zum Gebet geneigt werden. Beim dritten Kniefall erscheint vom Himmel der Engel mit Kreuz und Kelch. Dieses Spiel konnte man um 1955, um einige Beispiele zu nennen, mit beweglichen Figuren in Hohenegglkofen, östlich von Landshut, in Gmund am Tegernsee, in Waakirchen bei Tölz sehen; unbeweglich wie eine große Krippe in den Hochaltären von Reichersbeuern und der Stadtpfarrkirche von Tölz. Bei den Franziskanern in Dietfurt an der Altmühl wird der Engel noch immer von einem Buben gespielt, der vom Leiden Christi in das Volk singt und der Christusfigur den Kelch reicht. In Beilngries war es um 1955 noch üblich, daß bei dem gleichen Spiel Christus von einem angesehenen Bürger der Stadt gespielt wurde.

Literatur
F. Hager und H. Heyn, Liab, leb und stirb, Rosenheim 1976
P. E. Rattelmüller, Bayerisches Brauchtum im Jahreslauf, München 1985

Seite 132–136
Die Palmbuschen aus Weidenkätzchen ersetzen bei der Palmweihe und der Prozession am Palmsonntag den Ölzweig des Heiligen Landes. Die Palmprozessionen führen nicht immer, aber meist, um die Kirche zum verschlossenen Kirchenportal, an das der Geistliche pocht, um Einlaß zu begehren und zu finden. Die Kirche ersetzt symbolisch die hohe Stadt Jerusalem, das Kirchenportal das Stadttor.
Die frühesten Zeugnisse, die von der Palmweihe erzählen, stammen aus dem 9. Jahrhundert. Palmbuschen sind auch in Oberbayern meist zusätzlich mit wintergrünen Pflanzen geschmückt, mit Wacholder zum Beispiel oder mit Buchs. Gerade in ihrer Form zeigen die Palmbuschen und -zweige eine unglaubliche Vielfalt. Die Palmbüschl, die die Buben von Reichersbeuern auf ihre Stangen gesteckt haben, werden von ihnen nach dem Gottesdienst gegen eine kleine Gabe in die Häuser gebracht. Ein Palmbuschen im Haus sollte gegen Blitz schützen, auf die Felder gesteckt Ungeziefer und Unheil abwehren, ein verschlucktes Palm-

katzl einen gar vor Halsweh bewahren. – Um den Einzug Christi in Jerusalem besonders augenfällig zu machen, hat man schon vor nunmehr tausend Jahren den Palmesel bei der Prozession am Palmsonntag mitgeführt. Schon um 970 ist dieser Brauch in Augsburg bezeugt. Mag hin und wieder ein lebender Esel, auf dem der Geistliche geritten ist, mitgeführt worden sein, wie z.B. nach dem Zweiten Weltkrieg in Spatzenhausen bei Murnau, so waren es im allgemeinen die hölzernen Esel auf Rädern, mit der segnenden Heilandsgestalt. – Ende des 18. Jahrhunderts sind z.B. in Landshut Ministranten schon am Palmsamstag mit dem Esel betteln gegangen, haben ihm erbettelte Wurstkränze um den Hals gehängt und Kinder aufsitzen lassen. Diese Figur scheint jedenfalls zu Unfug geradezu verführt zu haben. So hat die hohe Obrigkeit den »Palmesel« im Zeichen der Aufklärung verboten. Einige von ihnen sind in Kirchen und Museen erhalten geblieben, der Brauch hat nur an wenigen Orten überlebt. Man kennt ihn nach dem Zweiten Weltkrieg z.B. in Kühbach bei Aichach, in Landsberg a.L., in Weilheim und in Kößlarn in Niederbayern.

Literatur
A. Mitterwieser, Der Palmesel und die Palmprozession in Bayern, in: Bayer. Heimatschutz, 30. Jg., 1934
M. Peinkofer, Der Brunnkorb, Passau 1947
R. Kriß, Sitt und Brauch im Berchtesgadener Land, München 1947
F. Hager und H. Heyn, Drudenhax und Allelujawasser, Rosenheim 1975
O. Erich und R. Beitl, Wörterbuch der deutschen Volkskunde, Stuttgart 1979

Seite 137/138
Beim Gottesdienst am Gründonnerstag Abend rattern zum ersten Mal die Ratschen. Die Kirchenglocken schweigen zum Zeichen der Trauer. Das wird bis zum Gloria in der Osternacht so bleiben. Mit Einführung der Osterliturgie noch unter Papst Pius XII. ist die Zeremonie der Fußwaschung an zwölf Gemeindemitgliedern, symbolisch für die zwölf Apostel, in jeder katholischen Kirche möglich geworden. Ehedem war sie nur in St. Peter in Rom, in Bischofs- und Abteikirchen und an katholischen europäischen Höfen üblich. So hat in Bayern Prinzregent Luitpold Jahr für Jahr im alten Herkulessaal der Münchner Residenz an den zwölf ältesten noch reisefähigen Männern seines Landes feierlich die Zeremonie der Fußwaschung vollzogen.

Zum Abschluß des Gründonnerstag-Abendgottesdienstes werden, zum Zeichen der Trauer, die Altarkerzen umgelegt.

Literatur
Adalbert Prinz v. Bayern, Als die Residenz noch Residenz war, München 1967
P. E. Rattelmüller, Bayerisches Brauchtum im Jahreslauf, München 1985

Seite 139–142
Zum Abendgottesdienst am Gründonnerstag haben die Glocken noch gerufen. Seitdem schweigen sie, um erst das Gloria in der Osternacht wieder zu verkünden. Die Glocken fliegen nach Rom, sagt der Volksmund. Ratschen gibt es in den verschiedensten Formen und mit den vielfältigsten Mechanismen: Kastenratschen (zum Teil sogar tragbar), Brettlratschen, Flügelratschen. Mit ihnen verkünden die Ratschenbuben die Tages-, Gebets- und Gottesdienstzeiten.

Seite 143–145
Der Gottesdienst am frühen Nachmittag des Karfreitag beginnt mit der Zeremonie der Kreuzenthüllung in drei Stationen. War ehedem das Kreuz vor dem Heiligen Grab in der Kirche auf dem Boden zur Verehrung, zum Kreuzküssen, aufgelegt, so wurde damals – aufgrund der neuen Osterliturgie – das Kruzifix am Kommunionsgitter aufgestellt und die Kreuzverehrung in die Karfreitagsandacht mit einbezogen.

Seite 146/147
Die alte Kollegiatskirche von Habach be-

sitzt eine Beweinung Christi aus dem Jahr 1609, die man dem Bildhauer Bartholomäus Steinle zuschreibt: Einen Corpus Christi und Halbfiguren der Maria, Maria Magdalena, Maria Cleopha, Maria Salome und des heiligen Johannes des Evangelisten. Die Grabesengel aus der Hand von Franz Xaver Schmädl sind um 1753 dazugekommen.

Der Corpus Christi wird von den Ministranten, die wie die Ritter des Heiligen Grabes gekleidet sind, auf einer Bahre von einer Seitenkapelle im rückwärtigen Teil der Kirche in feierlicher Prozession in das Grab vor dem Hochaltar getragen.

Der Brauch der Grablegung Christi ist in bayerischen Klöstern feierlich vollzogen worden. Eine lateinische Handschrift aus dem 15. Jahrhundert erzählt von einer Grablegung im alten Augustiner-Chorherrenstift zu Polling: »Die zwei mit roten Meßgewändern bekleideten Priester nehmen eine Tragbahre mit dem Bilde Christi, das mit einem reinen Linnentuche bedeckt ist, und heben die Bahre ehrfurchtsvoll auf ihre Schultern. Dann ziehen sie in Prozession voran; der Konvent folgt mit brennenden Kerzen ...«

Literatur
P. E. Rattelmüller, Bayerisches Brauchtum im Jahreslauf, München 1985

Seite 148–155
Die Heiligen Gräber, die eigens aufgeschlagen und abgebrochen werden müssen, sind typische Kinder der Barockzeit. Die Verehrung des Heiligen Grabes reicht aber viel weiter zurück. So ist das älteste im bayerischen Raum jene romanische Nachbildung des Heiligen Grabes von Jerusalem im Kapuzinerkloster in Eichstätt. Im 14. Jahrhundert ist ein Heiliges Grab bei den Dominikanerinnen in Bamberg bezeugt, 1492 eines aus Holz im Dom zu Freising. Die weltlichen Höfe sind den Domen, Stiftskirchen und Klöstern nicht nachgestanden; sie haben in ihren Hofkirchen und Kapellen aufwendige Heilige Gräber mit großen Trauergerüsten aufstellen lassen.

So wurden um 1700 für das Heilige Grab in der Münchner Residenz 370 weiße und 800 gelbe Tafelkerzen, acht Holzfackeln im Gewicht von fast zweieinhalb Zentnern verrechnet. Dazu noch 170 Pfund Unschlittkerzen.

Vor und nach dem Dreißigjährigen Krieg haben allmählich die kleineren Städte und die Pfarrkirchen auf dem Land ebenfalls Heilige Gräber aufgerichtet. Bei ihrer Gestaltung war der Phantasie viel Raum gegeben, bis hin zu den mit gefärbtem Wasser gefüllten Glaskugeln, hinter denen Öllämpchen brennen. Sogar Grabwachen hat es gegeben. So haben bis kurz nach dem Zweiten Weltkrieg Bauern in Aschau im Chiemgau, verkleidet als römische Soldaten, das Grab bewacht.

In der ehem. Klosterkirche in Dießen am Ammersee kann man das riesige Altarblatt versenken wie einen eisernen Vorhang. Der Blick wird dann freigegeben auf eine Guckkastenbühne, auf Kulissen mit gemalter Architektur und auf das Heilige Grab, das beim Gloria in der Osternacht ebenfalls versenkt wird, ehe der sieghaft Auferstandene in der Bühne sichtbar wird. Die lebensgroße Abendmahlsgruppe in der St. Anna-Damenstiftskirche in München ist im Ablauf des Passionsgeschehens zwar ein Rückblick, aber sie wird gerade am Karfreitag und Karsamstag besonders besucht.

Literatur
F. Hager und H. Heyn, Drudenhax und Allelujawasser, Rosenheim 1975
P. E. Rattelmüller, Bayerisches Brauchtum im Jahreslauf, München 1985

Seite 156
Auch das Herrichten des Korbes für die Speiseweihe braucht rechtzeitige Vorbereitung, vor allem wenn das Osterlampl aus Butter gemacht wird; eine Sitte und eine Kunst, die früher von den Bäuerinnen des Oberlandes häufiger beherrscht worden ist als heute. Der Körper wird aus Butter geformt, anschließend wird Butter durch ein Sieb gedrückt und die so entstan-

317

denen »Butterhaare« werden vorsichtig darauf übertragen, bis das Lampl ein richtiges Butter-Fell hat. Der Butterlaib wird im kalten Wasser aufbewahrt, damit er die richtige Temperatur hat. Ist er nämlich zu kalt, brechen die »Haare«, ist er zu weich, schmieren sie.

Seite 157–160
Vor der Liturgiereform der österlichen Feiern, die schon Papst Pius XII. 1956 durchführte, war die Feuerweihe im Rahmen einer Volksandacht am Karsamstag früh um 7 Uhr. Da haben die Ministranten schon aufgeregt darauf gewartet, bis sie die Kohle vom geweihten Feuer oder gar das geweihte Feuer selbst endlich in die Häuser haben tragen dürfen. Dieses Feuer haben sie weggebracht, indem sie einen Baumschwamm an ein Eisen gesteckt, am geweihten Feuer entzündet und dann wie ein Weihrauchfass geschwungen haben, damit die Glut nicht erlischt. In den Häusern wurden dann an dem großen Schwamm ganz kleine, vorbereitete Schwammstückchen ebenfalls zum Glimmen gebracht und damit der Herd geschürt. Die geweihte Kohle ist auch glühend in Tiegeln und Töpfen von Haus zu Haus, von Herd zu Herd getragen worden. Der Lohn für die Buben waren Eier. Aber auch das war nicht überall gleich. In Habach zum Beispiel waren die bunten Eier für die Buben, die weißen aber für den Mesner bestimmt.

Das Austragen des geweihten Feuers hat einmal einen tiefen Sinn gehabt. Es war nämlich ehedem üblich, am Karfreitag das Feuer auf dem offenen Herd, das man sonst unter der Asche erhalten hat, erlöschen zu lassen und streng zu fasten, um erst am Karsamstag früh mit dem geweihten Feuer erneut das offene Herdfeuer zu entzünden. Dieser Brauch ist, nachdem die Ostermesse auf die Nacht verlegt wurde, zum Erliegen gekommen, denn wohin sollten die Ministranten nach dem Gottesdienst das Feuer noch tragen? Und wohin sollte man das geweihte Feuer tun, wenn ein Elektroherd in der Küche steht?

Literatur
F. Hager und H. Heyn, Drudenhax und Allelujawasser, Rosenheim 1975
P. E. Rattelmüller, Bayerisches Brauchtum im Jahreslauf, München 1985

Seite 161–164
Die Öle für das kommende Jahr sind am Gründonnerstag in den Bischofskirchen geweiht worden. Folglich werden die geweihten Öle des vergangenen Jahres in Eierschalen gelegt und im Osterfeuer verbrannt. Der Ministrant hat zudem die roten Wachsnägel auf seinem Tablett, die als Symbol für die Wundmale Christi in die Osterkerze eingefügt werden, und den Stahlstift, mit dem der Geistliche das Alpha und Omega, den Anfang und das Ende des griechischen Alphabets, auf die Osterkerze zeichnet.

Im kirchlichen Brauch ist das *ignis paschalis*, das Osterfeuer, in einem Brief des Papstes Zacharias an den heiligen Bonifatius im 8. Jahrhundert bereits angesprochen. Dem Feuer hat man, wie dem Wasser auch, die Kraft der Reinigung und der Abwehr alles Bösen zugesprochen. Manche Wissenschaftler meinen, das Osterfeuer sei heidnischen Ursprungs, zunächst in Gallien, also in Frankreich, Brauch geworden und von dort in das *Rituale Romanum* gekommen.

Die Osterkerze wird am Osterfeuer entzündet. Mit ihr zieht der Geistliche in die dunkle Kirche ein, ehe er sie den Gläubigen zeigt (*lumen Christi* – das Licht Christi).

Im Lauf der Osterliturgie wird das Weihwasser geweiht und diesem, wieder eigens entnommen, das Taufwasser. Das Weihwasser wird am Ende des Auferstehungsgottesdienstes von Gläubigen mit nach Haus genommen.

Seite 165
Auf diesem Bild sieht man den Mechanismus, mit dem hinter dem Hochaltar der Kirche von Heilbrunn der Grablegungschristus versenkt und der Auferstehungs-

christus mit der Siegesfahne hinaufgezogen werden kann.

Am Ostersonntag rufen die Kirchenglocken zum Gottesdienst. Damals hat es noch wenig elektrische Läutwerke gegeben, die Glocken sind noch meist mit der Hand gezogen worden.

Literatur
O. A. Erich und R. Beitl, Wörterbuch der deutschen Volkskunde, Stuttgart 1974
P. E. Rattelmüller, Bayerisches Brauchtum im Jahreslauf, München 1985

Seite 166–168
Um 1955 ist neben den Osterkörberln vereinzelt schon die Einkaufstasche mit einem Osterhasen zu sehen. Um das Osterlampl aus Bisquit, Zucker oder selten noch aus Butter liegen: gefärbte Eier, Salz, Brot, ein Osterfladen, ein Apfel, Speck oder Schinken, an manchen Orten auch Meerrettich, der an die bitteren Leiden unseres Herrn erinnern soll. Es hat auch Gegenden gegeben, in denen man die Eier sogar leicht eingedrückt hat, damit die Weih' besser eindringen kann. Jeder im Haus hat von all dem ein Stückl bekommen, und es hat kein Haus gegeben, in dem man die Schalen der geweihten Eier weggeworfen hätte. Man hat sie verbrannt oder im Garten sowie an den vier Ecken des Ackers vergraben.

Das Osterei läßt sich mit dem liturgischen Brauch nicht erklären, wenn auch die Eier- und Speisenweihe – *benedictio ovorum et esculentarum* – schon im 9. und 10. Jahrhundert in die römischen Ritualien aufgenommen worden ist.

Die Zeit der Ostereier ist natürlich auch die Zeit der Eierspiele, vom allbekannten »Eierpecken« bis zum sogenannten »Oarscheib'n«. Die Stangen von zwei zusammengelegten Heurechen geben eine Bahn, in der die Eier gut rollen können. Man kann auf den Lauf der Eier nur einen bescheidenen Einfluß nehmen, indem man den dicken Teil des Eies nach rechts oder links auf die Bahn legt, damit es unten nach rechts beziehungsweise nach links rollt.

Trifft ein Ei eines, das schon auf der Wiese liegt, so gehört dem das Ei, der es getroffen hat. Er kann es aber auch mit Pfennigen ablösen.

Literatur
O. A. Erich und R. Beitl, Wörterbuch der deutschen Volkskunde, Stuttgart 1974
F. J. Bronner, Von deutscher Sitt und Art, München 1908
F. Hager und H. Heyn, Drudenhax und Allelujawasser, Rosenheim 1975

Seite 169
Das Wörterbuch der deutschen Volkskunde nennt für den weltlichen Brauch, am Abend des Ostersonntags große Feuer zu machen, ein erstes Zeugnis für das Jahr 1559. Leider steht nicht dabei, wo das gewesen ist. Der Brauch der Osterfeuer muß im deutschen Sprachgebiet vor allem im 18. und 19. Jahrhundert weit verbreitet gewesen sein. Um die Mitte der fünfziger Jahre unseres Jahrhunderts war das Osterfeuer auf den Höhen hinter Habach in der weiten Umgebung das einzige; bei klarem Wetter hat man es bis zu dem Höhenzug nördlich von Starnberg sehen können.

Literatur
O. A. Erich und R. Beitl, Wörterbuch der deutschen Volkskunde, Stuttgart 1974

Seite 170–173
Im südlichen Oberbayern sind mehrere Heilige für das Wohlergehen der Rösser zuständig: Im Westen, in der Diözese Augsburg, ist es der heilige Ulrich, der Bistumspatron, und der heilige Georg, auf dem Auerberg zum Beispiel, vor allem aber der heilige Leonhard. Im Gebiet zwischen Loisach und Chiemsee sind vor allem die Leonhardiritte und -fahrten daheim. Zwischen dem Chiemsee und Salzburg ist wieder überwiegend der heilige Georg Patron für die Rösser.

Einer der berühmtesten Georgiritte ist der von Traunstein. Wann dieser Ritt vom Tag des heiligen Georg, dem 23. April, auf den Ostermontag verlegt worden ist, ist unbekannt. Auch den Namen »Georgiritt«

scheint er verhältnismäßig spät bekommen zu haben. Der Stadtpfarrmesner Permaneder nennt ihn 1785 jedenfalls »den gewöhnlichen Ritt« und schreibt in seinen Kirchenkalender, daß der Ritt früh um sieben Uhr stattfindet, »nach einem von den Bauern bezahlten Amt, welches gemeiniglich Herr Pfarrer selbst haltet«. – Der Brauch war schon fast vergessen, nur noch der Lohnkutscherverein von Traunstein hat ihn zur Kenntnis genommen. Der alte Apotheker Schierghofer hat dann mit Hilfe des St. Georgs-Vereins den Georgiritt noch vor dem Ersten Weltkrieg zu neuen Höhen geführt. Von den umliegenden Gemeinden reiten die Bauern an, von Siegsdorf und von Nußdorf, voraus immer der Geistliche im Chorhemd, dann der Standartenträger, hinter ihnen die Reiter. Die Segnung von Reiter und Pferd ist an der Kirche in Ettendorf und noch einmal, ehe sich der Zug bei der Stadtpfarrkirche auflöst.

Literatur
G. Schierghofer, Altbayerns Umritte und Leonhardifahrten, München 1913
R. Hindringer, Weiheroß und Roßweihe, München 1932
P. E. Rattelmüller, Pferdeumritte in Bayern, München 1988

Seite 174/175
Läßt sich bei älteren Formen des Schwertertanzes der Kampf zweier Gruppen – zwischen Christen und Ungläubigen zum Beispiel – erkennen, so ist bei den Schwertertänzen in unseren Breitengraden die Waffe nur noch Verbindungsglied einer Kette, die in Schritten, Drehungen, Wendungen und Sprüngen Kreise bildet, Spiralen, Tore und Gassen; meistens mit der Schlußfigur bei der der Vortänzer auf dem Schwertgeflecht hochgehoben wird. So ein Schwerttanz sei – so will es die Überlieferung – auch in Traunstein daheim gewesen. Im Zug der Wiederbelebung des Georgirittes ist auch er zu neuen Ehren gekommen.

Literatur
O. A. Erich und R. Beitl, Wörterbuch der deutschen Volkskunde, Stuttgart 1974

Seite 176–181
In den Dörfern südlich des Starnberger Sees war es und ist es weitgehend noch immer der Brauch, den Maibaum unbemalt aufzustellen. Folglich gibt es in diesen Orten das Problem des Maibaumstehlens nicht. Der Baum ist zwar seit Wochen ausgesucht, aber gefällt wird er erst am 1. Mai, früh, noch bei Dunkelheit, auf jeden Fall vor dem Gebetläuten. In das Dorf wird der Baum erst nach dem Hauptgottesdienst mit der Musik eingespielt, um anschließend auf einen Schragen gehoben, sauber »geschöpst«, also entrindet, gehobelt und gewaschen zu werden. Holzzapfen werden eingesetzt, damit die Stangen, mit denen er aufgestellt wird, nicht abrutschen können. Unterdessen binden die Mädchen Girlanden. Am frühen Nachmittag um zwei Uhr – nach einem »Vater unser« – wird der Baum aufgestellt. Anschließend werden die Tafeln über die Feuerwehrleiter aufgesteckt und die Fahne aufgezogen.
In diesen Dörfern wird alle drei Jahre ein neuer Baum aufgestellt. Damals ist er noch nicht zwischen einbetonierten Schienen eingespannt worden. Man hat ihn vielmehr an ein gut zwei Meter tiefes Loch gesetzt, beim Aufstellen hineinrutschen lassen und endlich um den stehenden Baum Steine und Erde eingestampft.

Seite 182–185
In Antdorf wird alle drei Jahre der alte Maibaum umgelegt und am 1. Mai ein neuer Baum aufgestellt. Ebenfalls alle drei Jahre findet am darauffolgenden Sonntag das sogenannte Mailaufen statt. Ab zwölf Uhr Mittag treffen sich die Burschen, um die Mädchen »zammztreibn«. Einzeln werden sie von zu Haus abgeholt, und es dauert eine gute Zeit, bis alle beieinander sind. Gegen drei Uhr Nachmittag ist es dann soweit. Auf einer Wiese, dem Wirtshaus an der Hauptstraße gegenüber, ist auf der einen Seite eine lange Bank, auf die sich die Burschen alle setzen müssen, mit dem Rücken zu den Mädchen, alle in der Lederhose und in weißen Hemden, damit sie schwer zu unterscheiden sind. Auf der an-

deren Seite stehen die Mädchen, und auf ein Trompetensignal laufen sie los; den Burschen, den sie dabei »erlaufen«, müssen sie an diesem Tag zechfrei halten. Weil aber bei diesem Spiel vier Burschen mehr mitmachen müssen als es Mädchen sind, bekommen am Ende einer eine alte Stallaterne und die drei andern einen Stallbesen.

Literatur
P. E. Rattelmüller, Bayerisches Brauchtum im Jahreslauf, München 1985

Seite 186–188
Im 18. Jahrhundert hat man in bald jeder Dorfkirche dem Kirchenvolk die Himmelfahrt Christi vorgespielt. Die Figur des sieghaft Auferstandenen mit der Fahne hat man über das sogenannte »Heilig-Geist-Loch« hinaufgezogen in den »Himmel«, und mit ihr zwei kleine Engel, jeder mit einer brennenden Kerze. In der Zeit der Aufklärung hat man mit diesem Brauch radikal aufgeräumt. Nur an ganz wenigen Orten hat er sich erhalten, so zum Beispiel in Mittenwald, am Tag Christi Himmelfahrt am frühen Nachmittag. Im Unterschied zu heute ist 1955 noch eine eigens für diesen Zweck komponierte, fast tänzerische Geigenmusik aus dem 18. Jahrhundert gespielt worden.

Literatur
F. Hager und H. Heyn, Drudenhax und Allelujawasser, Rosenheim 1975
P. E. Rattelmüller, Ein bairisch Jahr, München 1962
P. E. Rattelmüller, Bayerisches Brauchtum im Jahreslauf, München 1985

Seite 189–193
In der Woche von Christi Himmelfahrt ist die große Wallfahrtswoche am Heiligen Berg Andechs. Von weit her kommen die Wallfahrerzüge, bis von Augsburg und Schongau, viele Stunden, manche sogar zwei Tage zu Fuß, betend hinter dem Kreuzträger. Bei jedem Wallfahrerzug, der ankommt, läuten die Glocken, und betend ziehen die Wallfahrer, von einem Pater des Klosters eingeholt, durch die Budenstadt des Jahrmarkts hinauf auf den Berg zur Klosterkirche, nicht nur zur Muttergottes von Andechs, sondern auch zu den berühmten drei heiligen Hostien.

Ein liebenswerter Brauch ist in manchen Dörfern im weiten Umkreis des Heiligen Bergs üblich: Die Wallfahrer bringen den Kindern etwas vom Andechser Markt mit: Zuckerl, Schokolade, »Bonbons«, Bärendreck – Leckerl halt. Ursprünglich waren »Leckerl« einfache kleine Zeltl, Keksel. Und von ihnen leitet sich das Wort »Lekkerlbedl«, Leckerlbettel, ab.

Literatur
P. E. Rattelmüller, Ein bairisch Jahr, München 1962
P. E. Rattelmüller, Bayerisches Brauchtum im Jahreslauf, München 1985

Seite 190/191
Es gibt zwar die große Wallfahrtswoche in Andechs, aber Wallfahrer besuchen den Heiligen Berg auch unterm Jahr in kleinen Gruppen oder gar allein. Das gilt für alle die berühmten Wallfahrtsorte, wie zum Beispiel Altötting, aber auch für die vielen kleinen im Land. So auch für die Wallfahrt Maria Kunterweg in der Ramsau. Wie gesucht und besucht diese Wallfahrt im Berchtesgadener Land war, bezeugt die Fülle von Votivtafeln.

Gerade der Einzelwallfahrer, den seine Sorgen zum Gnadenbild von Altötting führen, trägt auch betend, manchmal sogar kniend, die Holzkreuze im Gang um die Heilige Kapelle.

Seite 194/195
Vor zweihundert bis zweihundertfünfzig Jahren war es noch weitverbreitet Brauch, aus dem »Heiliggeistloch« im Gewölbe der Kirche – durch das an Himmelfahrt der sieghaft Auferstandene »in den Himmel« gezogen worden ist – den Heiligen Geist in Gestalt einer Taube erscheinen und Pfingstrosenblätter und kleine Zettel mit frommen Texten herunterflattern zu lassen. Das ist um 1955 in der Kollegiatskirche

von Habach am frühen Nachmittag des Pfinstsonntags noch geschehen.

In der Apostelgeschichte Kapitel 2, Vers 3/4, heißt es: »Und es erschienen ihnen« – den Aposteln nämlich – »Zungen zerteilt wie von Feuer; und setzten sich auf einen jeden von ihnen, und sie wurden alle erfüllt von dem Heiligen Geist«. – Und diese feurigen Zungen sollten die Pfingstrosenblätter symbolisieren.

Literatur
J. Schlicht, Altbayernland und Altbayernvolk, Augsburg 1886
F. Hager und H. Heyn, Drudenhax und Allelujawasser, Rosenheim 1975

Seite 196–219
Angeregt durch die göttliche Eingebung der Seherin Juliana von Lüttich setzt Papst Urban IV., ehedem Erzdiakon von Lüttich, im Jahr 1264 durch seine Bulle *Transiturus de hoc mundo* das Fest Fronleichnam auf den zweiten Donnerstag nach Pfingsten fest. Da damals das Interregnum, die kaiserlose Zeit ist, wird die Stimme aus Rom auch in der Kirche selbst mehr als Empfehlung angesehen denn als ein verbindliches Dekret. So nimmt sich Papst Clemens V. 1311 erneut dieses Festes an und nimmt endgültig die Bulle Urbans 1317 in das Kanonische Recht auf. Der heilige Thomas von Aquin verfaßt hierzu großartige Hymnen. Mehr und mehr wächst und verbreitet sich im Volk die Verehrung des in neuem, aufglänzendem Licht erstrahlenden Gnadenschatzes. Die Gläubigen rufen, gedrängt von ihrer großen Sorge um Brot und Leben, ihre kostbaren Heiligtümer an, wollen sie bei Flurumgängen mitführen. Und mit der zunehmenden Verehrung des Altarsakramentes erwarten und verlangen sie, daß auch das Allerheiligste zu Schutz und Segen um die Felder getragen wird.

Innerhalb des heutigen Bayern ist wohl die älteste Fronleichnamsprozession die von Würzburg, die bereits für das Jahr 1298 belegt ist. In Eichstätt soll Bischof Friedrich von Öttingen zwischen 1383 und 1415 die Fronleichnamsprozession eingeführt und dabei selbst das Allerheiligste getragen haben. Die Monstranz und einen Tabernakel habe er für seinen Dom anfertigen lassen, auch »velum de panno aurato contexto comparavit, ut in festo corporis Christi venerabile sacramentum circum feratur«, einen Himmel als von goldenem Tuch, damit man am Fronleichnamstage das hochwürdige Sakrament herumtragen könne.

Wenn wir der Überlieferung glauben dürfen, ist die Fronleichnamsprozession schon 1343 durch die Straßen der herzoglichen Haupt- und Residenzstadt München gezogen, ehe sie in den Bischofsstädten üblich wird. Im Kammerrechnungsband des Stadtarchivs, der von 1360 an ein paar Jahre umfaßt, ist nach Pfingsten von »candela in circuitu civitatis« die Rede, und dann sind ein halb Pfund Pfennige verrechnet »pro ceris necessanis«, auch »probaculis, famulis postantibus candela in circuitus civitatis«. Es ist also von »candela«, von Kerzen die Rede, von »cera«, also von Wachs, und von »circuitus civitatis«, vom Herumgehen in der Stadt – und damit kann nur der Umgang am Fronleichnamstag gemeint sein.

Auf die Zeit der Reformation folgt die Zeit der Gegenreformation, eine Bewegung, die untrennbar mit dem Jesuitenorden verbunden ist. In Altbayern setzt die Gegenreformation unter Herzog Albrecht V. ein, und gerade in jenen Jahren und in den folgenden unter Herzog Wilhelm V. werden die Prozessionen besonders aufwendig, eine bewußte Demonstration des alten Glaubens. Es sind die großen Prozessionen mit figuralen Darstellungen, Umgänge, die immer reicher werden und deren Prunk im 18. Jahrhundert den Höhepunkt erreicht.

Im ausgehenden 18. Jahrhundert stoßen diese Prozessionen mehr und mehr auf Ablehnung, man sagt, sie lenkten vom wahren Glauben ab, wären längst zum Jahrmarkt der Eitelkeiten geworden und es sei wahrlich an der Zeit, sie von all dem theatralischen Ballast zu befreien, sich zurückzubesinnen und sie zurückzuführen auf ihren Kern, auf ihren Mittelpunkt, nämlich das Allerheiligste.

Seite 198
Der Salut der Gebirgsschützen zu den Evangelien, den man in Wackersberg im Isarwinkel noch erleben kann, ist eine alte Form der Ehrenbezeigung.
Das Allerheiligste hat man seit eh und je nicht nur mit Gebeten, Gesang und Glocken auf seinem Weg begleitet, man hat ihm zu Ehren auch Salut geschossen. Durch die Zeugamtsrechnungen von Ingolstadt wissen wir, daß jede der drei Kompanien zu Fuß einen halben Zentner Pulver zum Salveschießen erhalten hat. »... Aus 32 Kammern wurde dreimal und auf den Wällen nach den vier Evangelien aus 28 Stucken (Geschützen) geschossen. Das machte zusammen nicht weniger als 4 Zentner 38 Pfund Pulver an diesem einen Tag.«

Literatur
A. Mitterwieser, Geschichte der Fronleichnamsprozession in Bayern, München 1930
P. E. Rattelmüller, Bayerisches Brauchtum im Jahreslauf, München 1985

Seite 220/221
Im Bergwerk Peißenberg hat man den Tag der Schutzpatronin, der heiligen Barbara (4. Dezember), wohl der Witterung wegen im Sommer gefeiert. Die Aufnahmen wurden 1958 gemacht, 1961 wurde das Fest zum letzten Mal gefeiert.

Seite 222–225
Das Kiefersfeldener Volkstheater ist die letzte Bühne, auf der altbairisch-tirolische Theatertradition lebendig ist. Auf den Brettern dieser »Comödihütt'n« werden Stücke von Joseph Schmalz, einem Kohlenbrenner aus dem Zillertal, aufgeführt, den Ludwig Steub, der große Schilderer von Land und Leuten in Oberbayern und Tirol im 19. Jahrhundert, den »Bauern-Shakespeare« genannt hat. Das »Kieferer Theater« war nie ein Bauerntheater im heutigen Sinn, sondern ein Volkstheater, in dem zwar auch Bauern, vor allem aber Arbeiter vom Eisenwerk und der Marmor-Industrie gespielt haben. Auf dieser Bühne hat sich nicht der Bauernschwank durchgesetzt, hier ist vielmehr die Welt der Kaiser und Könige, stolzer Ritter, edler Ritterfräulein, treuer Knappen, gutherziger Köhler und natürlich zynisch-höhnender Bösewichter lebendig geblieben. Und das Tröstliche: trotz aller Leiden und Erniedrigungen – das Gute siegt und der verruchte Bösewicht fährt zur Hölle.

Literatur
P. E. Rattelmüller, Der Bauern-Shakespeare, München 1973

Seite 226/227
Nicht immer hat man auf den Dorfbühnen Wildererstücke oder billige Possen gespielt. Nach dem Zweiten Weltkrieg hat man sich in Obersöchering auch auf das überlieferte religiöse Volksstück besonnen und auf der Bühne im Wirtshaussaal den »Ägyptischen Joseph« gespielt. Die verschiedenen Abschnitte des Stücks hat man nach altem Oberammergauer Vorbild mit dem Aufzug der Schutzgeister eingeleitet, die dann jeweils den Blick auf die stummen Bilder freigegeben haben. Die Musiker aus der eigenen Gemeinde und aus den Nachbargemeinden haben sich eigens zu diesem Zweck zusammengetan.

Seite 228/229
Wo Berufsfischer gelebt haben, an Seen genauso wie an Flüssen, hat man Fischerstechen gekannt. Sie waren wohl einmal nach dem Vorbild ritterlicher Turniere entstanden. Als ernsthafter Wettbewerb sagen die einen, als Parodie die andern. Sind die Fischerstechen am Starnberger See nur mehr selten und zu besonderen Anlässen ausgetragen worden, so finden sie, aufgrund eines Preises des Prinzregenten, seit 1907 alle fünf Jahre – Kriegsjahre ausgenommen – unter dem Namen Prinzregent-Luitpold-Fischerstechen statt.

Seite 230–233
Die Gebirgsschützenkompanien führen ihre Gründung auf Kurfürst Maximilian I. zurück. Sie waren bis 1869 ein Teil der regulären Landwehr. Es besteht eine ge-

wisse Rivalität, welche der Schützenkompanien sich rühmen kann, die älteste zu sein, obwohl sie alle aufgrund einer landesherrlichen Entscheidung gegründet und damit natürlich auch alle gleich alt sind. Die Vorstellung, eine der Kompanien sei älter als eine andere, mag ihren Grund in der Tatsache haben, daß ab 1870 einige wenige Gebirgsschützenkompanien, wie zum Beispiel die von Lenggries oder von Wackersberg, in freiwilliger Form weiterbestanden haben, andere aber haben sich zum zweihundertjährigen Jubiläum der Sendlinger Bauernschlacht (1705/1905) neu gegründet. Wie die Landwehr, so sind auch die Gebirgsschützen nur in Notfällen einberufen worden; ihre Aufgabe: Landesverteidigung, allerdings nur an der Landesgrenze innerhalb ihrer Landgerichte. – Zu ihren Traditionen gehört seit ihrem Bestehen die Begleitung des Allerheiligsten bei der Fronleichnamsprozession, die ursprünglich den Sinn gehabt hat, das hochwürdige Gut zu schützen, die aber längst zu einer Ehreneskorte geworden ist. – Die Zimmerleute der Gebirgsschützenkompanien sind eine Erinnerung an die »Pioniere« des regulären Militärs.

Literatur
C. Feichtner, Bürger-Militär und Gebirgsschützenkorps, Miesbach 1927
P. E. Rattelmüller, Mit Gott für König und Vaterland, München 1970

Seite 234/235
Die Primiz ist die erste heilige Messe, die ein neugeweihter Priester feiert. Die Priesterweihe in den Domkirchen war ehedem meist am Fest Peter und Paul (29. Juni). Dem Segen eines jungen Geistlichen am Tag seiner Priesterweihe hat das Volk eine vielfache Kraft zugesprochen. Die Primiz, das Feiern der ersten heiligen Messe im Heimatort des Primizianten, war für die ganze Gemeinde ein ganz besonders großes Fest.

Seite 236–239
Der Ulrichsritt von Steingaden zum Kreuzberg wurde um 1955 an einem Sonntag vor oder nach dem Ulrichstag (4. Juli) abgehalten. Das hat sich nach dem Stand der Heuernte und dem Wetter gerichtet und war nicht starr festgelegt, sondern wurde kurzfristig abgesprochen. Zum Kreuzberg kommen auch die Reiter aus dem Südwesten, aus Trauchgau. Nach einem Feldgottesdienst und der Segnung mit einem Kreuzpartikel sind die Bauernleut hinter ihrem Geistlichen dreimal um die Kirche geritten.

Literatur
P. E. Rattelmüller, Pferdeumritte in Bayern – Tradition und Brauchtum in Altbayern, München 1988

Seite 240/241
Der 15. August, der Tag Maria Himmelfahrt, ist im katholischen Bayern ein großer Feiertag. Mit ihm beginnt der sogenannte »Frauendreißiger«, das sind die dreißig Tage zwischen Maria Himmelfahrt und Maria Namen (12. September). Das Hauptkennzeichen dieses Tages aber war der Kräuterbuschen, aus dem, so man den Brauch immer noch pflegt, weitgehend ein Blumenstrauß geworden ist. – Schon im 10. Jahrhundert ist die Kirche mit der Kräuterweihe den Gläubigen entgegengekommen, die überzeugt waren, daß an diesem Tag auf Wurzeln und Kräutern ein besonderer Segen liege. Jedenfalls gibt es aus dieser Zeit schon Benediktionsformeln. Um 1955 hat man die geweihten Büschel noch ganz allgemein zum Schutz gegen Feuer und Blitz im Haus aufbewahrt, um bei Unwettern Stücke davon im Herd zu verbrennen. Das Hauptstück war die Wetter- oder Königskerze, um die, je nach Gegend, sieben- oder neunerlei Kräuter gebunden worden sind: das Johanniskraut, das Tausendguldenkraut, die Kamille, Arnika, Rosmarin, Baldrian, Pfefferminz, Wermut, Schafgarbe usw.

Literatur
F. J. Bronner, Von deutscher Sitt und Art, München 1908

F. Hager und H. Heyn, Drudenhax und Allelujawasser, Rosenheim 1975

P. E. Rattelmüller, Bayerisches Brauchtum im Jahreslauf, München 1985

Seite 242–248

Am Sonntag nach Maria Himmelfahrt findet in Vilgertshofen, einer Marienwallfahrtskirche abseits der Straße von Landsberg nach Weilheim, die berühmte Stumme Prozession statt. Ihre Geschichte liegt etwas im Dunkeln. Wenn sie in der heutigen Form schon im ausgehenden 18. Jahrhundert bekannt gewesen wäre, hätte sie sicher das Schicksal so vieler anderer Prozessionen teilen müssen und wäre verboten worden. Es wird zwar erzählt, die Bauern hätten sich gegen ein Verbot gewehrt, nur ist nicht klar: war das in der Zeit der späten Aufklärung oder war es 1844, denn in diesem Jahr sei ein Verbot ausgesprochen worden. Die mündliche Überlieferung behauptet, man habe nur bildliche Darstellungen des Kreuzweges Christi bei einem Umritt mitgeführt; und diese Form habe man hartnäckig durchgehalten bis 1876. Ein Jahr später sei die Prozession, wohl unter dem Einfluß von Oberammergau, umgestaltet worden, und die Kreuzwegbilder hätten nun lebenden Bildern aus dem Alten und Neuen Testament weichen müssen. Die letzten Neuerungen und Ergänzungen aber hat die Prozession im Jahr 1900 erfahren. Die Rollen der wichtigeren Personen liegen »auf dem Haus«, das heißt, sie dürfen nur von Mitgliedern der Familien gespielt werden, die unter dem Dach dieses oder jenes Hauses leben. Damals hat die Prozession der Gemeindediener mit blauer Dienstmütze eröffnet.

Literatur

P. E. Rattelmüller, Bayerisches Brauchtum im Jahreslauf, München 1985

Seite 249

Das Erntedankfest ist ein verhältnismäßig junges Fest, denn die Kirche hat ursprünglich Erntefeste am Tag Maria Himmelfahrt (15. August) oder an Kirchweih (3. Sonntag im Oktober) gefeiert. Die ersten Erntefeste weltlicher Art reichen aber bis ins späte 18. Jahrhundert zurück. Damals hat man kirchliche Bräuche als verantwortungslose Volksverdummung abgetan und deshalb mit ihnen auch radikal aufgeräumt – hat aber am Ende feststellen müssen, daß man dem Volk nicht nur alles nehmen kann, daß man ihm auch etwas geben muß. So entstehen unter der Regierung des Kurfürsten Carl Theodor die sogenannten Pflanz- und Erntefeste zur Hebung von Staatsökonomie und Staatsbewußtsein.

Literatur

O. A. Erich und R. Beitl, Wörterbuch der deutschen Volkskunde, Stuttgart 1974

F. Hager und H. Heyn, Drudenhax und Allelujawasser, Rosenheim 1975

Seite 250–255

Im Frühjahr ist das Vieh schmucklos, aber mit dem Geläute der Kuhglocken aufgetrieben worden. Meist in den letzten Septembertagen hat man es wieder von der Alm heimgetrieben. Es ist ein Brauch, der heute, allein durch den Straßenverkehr, ziemlich zum Erliegen gekommen ist. Mit Schmuck darf nur abgetrieben werden, wenn auf der Alm kein Stück Vieh umgestanden oder verlorengegangen ist und wenn in der Familie kein Todesfall war. Das ist nicht überall so gewesen. Gleich über der Tiroler Grenze, hinter dem Brünnstein, hat man in so einem Fall trotzdem mit Schmuck abgetrieben, aber nur mit dunklen Farben: dunkelblau, dunkelbraun, dunkelgrün. Den Schmuck haben die Sennerinnen gemeinsam gemacht; reihum sind sie auf den Nachbaralmen zusammengekommen. Das war unterhaltsamer. Das Grundgerüst für die Aufstecker – im Berchtesgadener Land »Fuikln« geheißen – sind kleine Lärchen- oder Fichtengipfel, deren Äste mit zusammengelegten, schmalen und eingeschnittenen Seiden- oder Lackpapierstreifen spiralenförmig von oben nach unten umwickelt und dann aufgefranst, aufgebürstelt werden. Das Grundgerüst für die Kronen sind ebenfalls kleine Fichtenwipfel, die gleichmäßig gewachsen sind und deren Zweige man nach oben und nach innen eingekehrt festbindet. – Eine Besonderheit in der Gegend von Oberaudorf/Kiefersfelden sind die Larven mit den Spiegeln. Spiegeln hat man ja immer eine abwehrende Kraft zugesprochen; in der Vorstellung, daß sich das Böse, so es sich im Spiegel sieht, über sich selbst erschrickt, folglich tot umfällt oder zumindest die Flucht ergreift.

Literatur
R. Kriß, Sitt und Brauch im Berchtesgadener Land, München 1947
M. Andree-Eysn, Volkskundliches aus dem bayerisch-österreichischen Alpengebiet, Braunschweig 1910
F. Hager und H. Heyn, Drudenhax und Allelujawasser, Rosenheim 1975
P. E. Rattelmüller, Bayerisches Brauchtum im Jahreslauf, München 1985

Seite 256–258
Die große allgemeine Kirchweih am dritten Sonntag im Oktober hat sich mit dem beginnenden 19. Jahrhundert erst nach und nach durchgesetzt. Nachdem im Zeichen der Aufklärung ohnehin so viele Feiertage abgeschafft worden sind, sollte zudem die allgemeine Kirchweih die vielen Ortskirchweihen, die Patrozinien (die Feste des Patrons oder der Patronin der Ortskirchen) überflüssig machen. Das Ergebnis war, daß die Patrozinien trotzdem weiter gefeiert worden sind, ganz vereinzelt sogar noch heute, in kleinen Filialkirchen sogar noch immer am Tag des Kirchenpatrons und nicht am nächstliegenden Sonntag.

Als allen sichtbares Zeichen, daß nun Kirchweih ist, wird am frühen Nachmittag des Kirchweihsamstags der »Zachäus«, das Kirchweihfahndl, aufgezogen.
Gerade die Wochen, Ende Oktober, Anfang November, da die Nächte länger werden, war die Zeit für viele Bräuche, die mit Lärm zu tun haben. Man muß sich einmal vorstellen, wie unheimlich die späten Herbst- und dann die Winternächte für die Menschen gewesen sind, die sich ja mit der brennenden Rindertalgkerze oder dem brennenden Kienspan haben helfen müssen und die nicht an den Lichtschalter haben gehen können. So sind um diese Jahreszeit Bräuche entstanden, mit denen man das Böse hat abwehren wollen, mit Peitschenknallen und Glockenschütteln, und zwar mit den geschmiedeten Glocken, in der Gegend um Benediktbeuern »Haf'n« geheißen. Es sind Bräuche, die denen im Frühjahr gleichen. Der ursprüngliche Sinn des »Aperschnalzens«, das längst zum Sport geworden ist, war ja auch im Frühjahr, um den Winter zu vertreiben und das Gute zu wecken; das verrät auch das Wort »Grasausläuten«, ein Brauch im Tiroler Inntal um Georgi. Mit ihm läßt sich das Glockenlaufen in Benediktbeuern vergleichen. Am Abend des Kirchweihsamstag, nach Einbruch der Dunkelheit, sind die Buben vom oberen Dorf hinunter gelaufen bis zum Kloster; bis sie wieder zurückgekommen sind, hat sich der Zug schon etwas in die Länge gezogen. Beim Bäcker Lugauer haben sie sich um die trockenen Semmeln gebalgt. Zum Abschluß des Glockenlaufens sind die Buben lautstark im Gasthaus Herzogstand eingekehrt.
Die sogenannten »Lad'nhutsch'n«, die »Kirtahutsch'n«, waren um 1950–1955 kaum mehr zu finden. Zu der Kirchweihhutsch'n in Dürnbach bei Gmund am Tegernsee hat mich an einem späten Nachmittag eines regnerischen Kirchweihmontags der Zufall geführt.

Literatur
P. E. Rattelmüller, Bayerisches Brauchtum im Jahreslauf, München 1985

Seite 259–263
Als diese Aufnahmen des Bichler Ochsenritts 1956 entstanden sind, hat wohl niemand geahnt, daß es der letzte sein könnte. Der Name Ochsenritt ist etwas irreführend, denn wirklich geritten sind nur drei Buben, die andern haben ihre Ochsen führen müssen. Das größte Gerangel hat es immer um den letzten »Reiter« gegeben,

denn wer in dem einen Jahr den »Nachtreiber« hat machen dürfen, dem war die Rolle des Anführers der »Haf'n« im nächsten Jahr und des Anführers des ganzen Zuges, »die erste Speis'«, im übernächsten Jahr sicher. Der Zug der Ochsen war nämlich aufgeteilt. Die ersten Ochsen haben die klingenden Bronzeglocken, die Speisglocken (von Glockenspeise), getragen und der Anführer ist »auf der ersten Speis'« geritten. Die folgenden Ochsen haben die geschmiedeten Schellen getragen, die sogenannten »Haf'n«. Ihr Anführer war die »erste Haf'n«, der Nachtreiber aber die »letzte Haf'n«.

Mit dem Ochsenritt in Bichl ist für den Gemeindehirten, der im Sommer auf der Gemeindealm war, der nach dem Abtrieb das Vieh bis zum Kirchweihsamstag Tag für Tag auf die Felder rund ums Dorf getrieben hat, die offizielle Tätigkeit für dieses Jahr zu Ende gegangen.

Die Buben haben sich besonders schöne Ruten geflochten, übrigens die gleichen, wie sie die Rekruten vor dem Ersten Weltkrieg getragen haben. Die Buben haben sich mit ihren Ochsen am frühen Nachmittag des Kirchweihsonntag und des Kirchweihmontag draußen am Galgenbichl an der Straße nach Penzberg gesammelt, ehe sie ins Dorf und durchs Dorf gezogen sind.

Literatur
P. E. Rattelmüller, Bayerisches Brauchtum im Jahreslauf, München 1985

Seite 264–279
Um 1955 haben die Leonhardiritte und -fahrten fast ausnahmslos am Tag des Heiligen, am 6. November, stattgefunden. Einige wenige waren die Ausnahme. So die offene Fahrt von Dietramszell und Umgebung nach St. Leonhard Schönegg zum Beispiel, am Samstag nach dem Annentag (26. Juli). Oder wenn in Tölz der 6. November auf einen Sonntag gefallen ist, so ist man am Montag gefahren.

Die Verehrung, die der heilige Leonhard in diesem Land genießt, beruht mit einiger Sicherheit auf einem Mißverständnis. Leonhard war ja zunächst und vor allem der Patron der unschuldig in Gefangenschaft geratenen und der reuigen, bußfertigen Gefangenen, und deshalb gibt man ihm meist eine Gefangenenkette in die Hand. Und diese Kette hat man sichtlich, obwohl sie Hand- und Fußschellen hat, als Viehkette mißdeutet.

Zu Anfang und um die Mitte der fünfziger Jahre sind die Burschen mit dem Motorrad in die Berge gefahren – ein Auto hat damals kaum einer besessen – und haben säckeweis Flechten, Wacholderzweige, Alpenrosenlaub geholt, und die Mädchen sind am Abend zusammengekommen, um die »Glander« einzuflechten und einzubinden. Das »Glander« – Geländer – hat man zum Schmuck um den großen Leiterwagen gehängt; den Wagen, den man im Alltag zum Beispiel auch zum Heueinführen verwendet hat. Damals war auch ein rechter Wechsel der Szenen auf den Tafelwagen. So hat man bei einer der ersten Leonhardifahrten von Murnau nach Froschhausen nach dem Krieg einen Wagen mitgeführt, der rundum von einem hohen Stacheldraht umzäunt war, hinter dem Gefangene in abgerissenen Uniformen gestanden sind. Es war eine Erinnerung daran, daß der heilige Leonhard ja auch der Patron der Gefangenen ist, zu einer Zeit, in der noch viele in russischer Kriegsgefangenschaft waren. – Auf einem Tafelwagen in Benediktbeuern war eine ganze Landschaft aufgebaut, mit Moos und Steinen, wie eine Krippenlandschaft. In der Mitte ein Bauernhofmodell, aus dem Haus ist mit Hilfe eines glimmenden Baumschwamms Rauch aufgestiegen, und die Feuerwehr hat versucht, den Brand zu löschen. Die Kühe – ebenfalls geschnitzte Figuren – waren schon aus dem Haus getrieben, einige umgestanden. Die Attraktion aber war: wenn der Wagen gefahren ist, dann ist eine kleine Pumpe in Bewegung gekommen, so daß der kleine Feuerwehrmann auch Wasser auf den Brand hat spritzen können. Nur wenn der Wagen zum Stehen gekommen ist, ist der Feuerwehr das Wasser ausgegangen. Der Phantasie waren bei diesen Tafelwagen und stummen Bildern keine

Grenzen gesetzt: von Eremiten vor der Klause, vom heiligen Martin mit goldener »Rüstung« und goldbronziertem königlich-bayerischen Raupenhelm auf einem Schaukelpferd bis zu Kindern in einem Fischerkahn oder einem lebenden Bild, der Marienerscheinung in der Grotte von Lourdes.

Ein Fahrzeug, das vor allem für die Tölzer Leonhardifahrt sehr typisch ist, ist der girlandenüberspannte Truhenwagen. Dieser Kastenwagen ist ein sehr alter Fahrzeugtyp, auf dem die Mädchen und Frauen paarweise hintereinander sitzen.

1955 fahren die Bauern vierspännig, noch alle mit dem sogenannten Stoßzügel, einem einzigen Lederriemen. Die Rösser haben sich durch kurzes oder längeres Ziehen und durch Zuruf lenken lassen. Selten sieht man noch das rote Tuch mit dem Dachsfell, das meist einmal an das Kummet des Vorder- oder Stangenpferdes (an der Deichsel) auf der Handseite gehängt war. Die Handseite ist in der Fahrtrichtung rechts. Tuch und Dachsfell sollten das Böse abwehren und sind deshalb auf die rechte Seite gehängt worden. Der Fuhrmann ist links neben dem Gespann gegangen und hätte somit das Böse mit der Peitsche vertreiben können.

Die Bilder der Tölzer Leonhardifahrt sind 1955 anläßlich des hundertjährigen Jubiläums der geordnet-geschlossenen Fahrt entstanden. Vorher ist nämlich am Leonhardstag den ganzen Tag über jeder gefahren, wann er wollen hat.

Literatur
G. Schierghofer, Altbayerns Umritte und Leonhardifahrten, München 1913
R. Hindringer, Weiheroß und Roßweihe, München 1932
P. E. Rattelmüller, Bayerisches Brauchtum im Jahreslauf, München 1985

Seite 280–283
Allerheiligen ist ja ehedem ausschließlich der große, frohe Feiertag für alle Heiligen gewesen, für die im Kalender kein eigener Tag vorgesehen war. So hat zum Beispiel Prinzregent Luitpold seinen Namenstag am Fest Allerheiligen gefeiert. Das Totengedenken hat erst am Abend des Allerheiligentages begonnen. Der 2. November, der Tag Allerseelen, war dann – wie der Name schon sagt – ganz dem Totengedenken gewidmet. Als dann, wie so viele andere Feiertage, auch der Allerseelentag als offizieller Festtag abgeschafft worden ist, hat sich das Totengedenken auf den Allerheiligentag vorverlegt. So ist der Vormittag des ersten Novembers in der Kirche noch der frohe Festtag, der Nachmittag aber gilt den Toten, den Armen Seelen. Die Gräber besonders zu schmücken, sie zu besuchen, ist ein Brauch, der die ganze Bevölkerung erfaßt. Hier gilt die Trennung zwischen denen, die diesen Brauch pflegen und denen, die zuschauen, nicht.

Seite 284–287
Eine Besonderheit des *Memento mori* sind die Totenbretter, die es nicht nur im Bayerischen Wald gegeben hat, die in Oberbayern genauso Brauch waren und die sich in der Gegend um Teisendorf am längsten erhalten haben. Ursprünglich war das Totenbrett das Brett, auf dem der Tote daheim im Herrgottswinkel aufgebahrt war. Diese Bretter hat man an Wegen und Straßen aufgestellt, oft auch an Wegkreuzungen. Sie waren die Aufforderung an den Wanderer, für das Seelenheil eines Toten zu beten. Später dann hat man die sogenannten Totengedenkbretter aufgestellt, Bretter, auf denen der Verstorbene nicht mehr gelegen ist. Während die alten »Bahrbretter« noch die volle Länge gehabt haben, so hat man später die Gedenkbretter kürzer geschnitten.

Ein weiteres *Memento mori* sind auch die Ordenskästen in den Kirchen, wo die verstorbenen Mitglieder der Veteranenvereine ihre Auszeichnungen hingegeben haben, die Trauerbänder für die Fahnen, an denen die Orden und Medaillen aufgenäht sind. Zu dieser Erinnerung gehören natürlich auch die vielen Kriegerdenkmäler, wobei die Form, die man nach dem Ersten Weltkrieg in Ebersberg dafür gewählt hat, schon eine Besonderheit ist. Man hat eine Allee angelegt und für jeden Gefallenen einen Baum gepflanzt.

Eine dritte, sehr nachhaltige Erinnerung an den Tod sind die Beinhäuser, auch Karner geheißen. Zu einer Zeit, in der Dorfkirche und Friedhof eine Einheit gewesen sind, in der der Kirchenbesuch den Grabbesuch mit eingeschlossen hat, hat der Blick auf den Karner nichts Erschreckendes gehabt. Die Schädelstätte sollte den Kirchgänger an seine eigene Vergänglichkeit erinnern. Der Schädelkult war weit verbreitet, im Alpengebiet und im Alpenvorland hat man die Schädel zum Teil beschriftet, vereinzelt sogar bemalt, verhältnismäßig häufig im Rupertiwinkel. Viele der Karner, die die Zeiten überdauert haben, sind dann Opfer der Nachkriegszeit, eben der fünfziger und sechziger Jahre, geworden.

Literatur
M. Andree-Eysen, Volkskundliches aus dem bayerisch-österreichischen Alpengebiet, Braunschweig 1910
P. E. Rattelmüller, Bayerisches Brauchtum im Jahreslauf, München 1985

Seite 288/289
Die christliche Taufe hat in der augustinischen Lehre von der Erbsünde ihre dogmatische Grundlage gefunden. Die Kindertaufe ist erst um das Jahr 200 aufgekommen, vorher hat man nur die Erwachsenentaufe gekannt. Bei der Kindertaufe sprechen an Stelle des Täuflings die Paten das Gelübde. Eine feste Einrichtung wurden die Paten erst mit dem Mainzer Konzil anno 813. Bei den Taufen auf dem Land haben die Paten, beziehungsweise auch die Hebamme, zusammen mit der Patin das Kind zur Taufe getragen. Die Eltern waren nicht dabei. Der Taufpate des ersten Kindes wurde im allgemeinen auch der Taufpate für alle folgenden Kinder.

Literatur
O. A. Erich und R. Beitl, Wörterbuch der deutschen Volkskunde, Stuttgart 1974
F. Hager und H. Heyn, Drudenhax und Allelujawasser, Rosenheim 1975
P. E. Rattelmüller, Der Oane kommt, der Ander geht, München 1988

Seite 290–293
Die erste heilige Kommunion am Weißen Sonntag, dem Sonntag nach Ostern, war bei einem kleineren Ort noch ein Fest für das ganze Dorf. Die Kinder haben sich hier im Pfarrhof von Habach versammelt und sind von dort in einer kleinen Prozession unter dem Spiel der Blasmusik feierlich in die Kirche gezogen. – Nachdem ein Photoatelier weit weg war, hat ein Pate oder irgendein Verwandter das gemeinsame Erinnerungsbild gemacht. – Die Firmung, die immer von einem Bischof vollzogen wird, ist dann in Benediktbeuern gewesen. Gefirmt hat der Bischof von Augsburg, weil die Diözese Augsburg bis in die Jachenau reicht. – Für die Firmung werden eigene Paten gebeten.

Seite 294–299
Der Hochzeitstag hat in der Gegend zwischen dem Starnberger See und Weilheim mit der Morgensuppe im Gasthaus, den Gebeten für die verstorbenen Familienangehörigen und dem Dank an die Eltern begonnen. Anschließend ist das Brautpaar mit Musik in die Kirche gezogen. Noch marschieren damals Braut und Bräutigam getrennt: vorweg der Bräutigam mit dem Ehrvater, dem »Kranzljunker«, den männlichen Verwandten und den übrigen Mannsbildern; anschließend die Braut mit der Ehrmutter, der »Kranzljungfrau«, der weiblichen Verwandtschaft und »de übrigen Weiberleut«.

Wenn das Brautpaar nach dem Gottesdienst die Kirche verlassen will, versperren die Ministranten mit dem *Cingulum*, der Gürtelschnur, der Alba des Geistlichen, am Portal den Weg und geben ihn erst nach einer kleinen Spende wieder frei. Nach dem Besuch am Familiengrab haben meist Kinder mit einer Schnur, an die ein paar Blumen gebunden waren, ebenfalls den

Weg versperrt, diesmal an der Friedhofstür. Sie haben den Weg erst freigegeben, wenn sie sich um die Fünferl und Zehnerl haben balgen müssen, die der Bräutigam unter sie geworfen hat. Dann stellt sich unter dem Kommando des Hochzeitsladers der Hochzeitszug auf: voran die Musik, dann das Brautpaar, anschließend der Ehrvater, der Kranzljunker, die Burschen und Männer der Verwandtschaft; dahinter folgen dann die Ehrmutter und die Kranzljungfer, die Mädchen und Frauen der Verwandtschaft.

Die ganze Organisation der Hochzeit liegt in den Händen des Hochzeitsladers. Er sorgt dafür, daß jeder seinen Platz bekommt, er ist zuständig für das Gebet vor dem Essen, für das Einsammeln des Mahlgeldes, das in von ihm verteilte Couverts eingelegt wird, und er hat auch für die Unterhaltung zu sorgen.

Es war damals eine Selbstverständlichkeit, daß aus einem Haus der etwas näheren Verwandtschaft zwei Gäste zur Hochzeit gekommen sind, aus den anderen Häusern wenigstens einer. Und es war ebenfalls eine Selbstverständlichkeit, daß jeder sein »Mahlgeld« für diesen Tag selbst bezahlt hat. Wie hoch der Betrag ist, hat der Hochzeitslader schon beim Laden verkündet; das war, wenn man mit Karten geladen hat, schon aufgedruckt.

Nach dem Mahl hat, auf Kommando des Hochzeitsladers, der Zeremoniar, Protokollchef und Alleinunterhalter in einer Person ist, der Ehrtanz für das Hochzeitspaar begonnen. Ihm schließen sich nach und nach die Ehrtänze des Ehrvaters und der Ehrmutter, des Kranzljunkers und der Kranzljungfer, der Verwandtschaft an. Sie alle wurden vom Hochzeitslader aufgerufen.

Am Nachmittag hat es für die Gäste Kaffee und Kuchen gegeben, während die Burschen die Braut gestohlen und in ein Gast- oder Privathaus entführt haben. Dann hat der Bräutigam mit der Laterne in der Hand, begleitet von Freunden, seine Hochzeiterin suchen müssen. Am Spätnachmittag hat es eine Brotzeit gegeben und dann noch ein Abendessen, alles im Mahlgeld eingeschlossen. Nur Getränke hat jeder einzeln zahlen müssen. Nach dem Abendessen war das sogenannte »Abdanken«. Jeder Gast ist an den Tisch des Brautpaares gegangen, um mit Handschlag zu gratulieren, Geschenke zu überreichen, auch Geldgeschenke in einem Couvert, auf dem der Absender deutlich aufgeschrieben war. Schließlich hat man ja wissen müssen, in welcher Höhe man sich, wenn man künftig bei einer Hochzeit eingeladen ist, zu revanchieren hat. Am Tisch ist auch eine Suppenschüssel gestanden mit einem Teller zugedeckt, in die man noch eigens Windelgeld eingelegt hat. Zum guten Schluß hat man noch aus einem Weinglas einen Schluck getrunken.

Seite 300/301

Nicht nur bei der bäuerlichen Bevölkerung hat ehedem die Aussteuer eine große Rolle gespielt, sie wurde bei ihr nur sichtbarer als anderswo. So war der Kammerwagen beladen mit Betten, Schrank, Wiege, halt der ganzen Aussteuer, geschmückt mit Girlanden, einschließlich der hinten angebundenen Brautkuh, der ganze Stolz des Hauses.

Am Tag der Hochzeit war auch in den fünfziger Jahren das Haus, in das eingeheiratet worden ist, offen für alle aus dem Dorf. Vor allem die Frauen haben die Aussteuer bei offenen Schränken, Schlafzimmer eingeschlossen, genauestens visitiert.

Seite 302–305

Als der alte Schaffler Rief und seine Frau Goldene Hochzeit gefeiert haben, war ihr Wunsch, daß ihnen, wie bei der Grünen Hochzeit auch, vom Mesner das Evangelienbuch zum Kuß gereicht wird. Dafür hat der Mesner ein kleines Trinkgeld erhalten. Auch bei einer Goldenen Hochzeit hat zum Abschluß der Besuch des Familiengrabes gehört. Das war damals eine Selbstverständlichkeit, weil die Kirche vom Friedhof umgeben war. Den weltlichen Teil hat man daheim in der Stube gefeiert.

Seite 306/307

Noch lange Jahre nach dem Zweiten Weltkrieg hat man auf dem Land die Toten zu Haus in der Stube unter dem Herrgottswinkel aufgebahrt, auf einem Brett zunächst, später im offenen Sarg, denn Leichenhäuser hat man in den Dörfern noch nicht gekannt. Die Nachbarn haben sich jeden Abend bei dem Toten zum Rosenkranz versammelt, bis zum Tag der Beerdigung. – In jenen Jahren ist der Tote auch noch mit dem pferdebespannten Leichenwagen zum Friedhof gefahren worden. Es hat Orte gegeben, in denen es Brauch gewesen ist, die Leichenfrau nur dann auf dem Wagen aufsitzen zu lassen, wenn die Tote im Wagen ein Mädchen oder eine Frau war.

Register der im Bildteil erscheinenden Bräuche

Adventskranz 59, 61
Allerheiligen 280 ff.
Allerseelen 281 ff.
Almabtrieb 250 ff.
Altweibermühle 103
Aschermittwoch 123
Bärentreiber 119
Barbarazweige 57
Beerdigung 306 f.
Beinhäuser 286 f.
Bergparade 220 f.
Bergweihe 88
Blasiussegen 91
Butterlampl 156
Buttmanndllaufen 64 ff.
Christi Himmelfahrt 186 ff.
Christmette 73 f.
Dreikönig 82 ff., 90
Erntedank 249
Erstkommunion 290 ff.
Fahnenweihe 15, 27, 232
Fasching 92 ff.
Fastenzeit 123 ff.
Feueraustragen 158
Feuerweihe 157
Firmung 293
Fischerstechen 228 f.
Flechtenmo 100
Frauentragen 60, 62
Fronleichnamsprozession 196 ff.
Fußwaschung 137
Gebirgsschützen 21, 76, 196, 198, 200 f., 204 f., 207, 211, 213 f., 219, 230 ff.
Georgiritt 170 ff.
Goldene Hochzeit 302 ff.
Gräberbesuch 73, 296, 304
Gründonnerstag 136 ff.
Haberfeldtreiben 121 f.
Heiliges Grab 148 ff.
Heiliggeistloch 195
Herbergssuche 62 f.
Hochzeit 294 ff.
Jaklschutzer 97, 99 ff.
Karfreitag 143 ff.
Karsamstag 152, 157
Kirchweih 256 ff.
Kirchweihschnalzen 257

Kräuterweihe 240 f.
Kreuzenthüllung 143 ff.
Krippen 72 ff.
Krippenlegung 74 f.
Kripperlmarkt 70
Leckerbedl 189
Leonhardifahrten 264 ff.
Leonhardsdreschen 275
Luzienhäusl 68 f.
Maibaum 176 ff.
Mailaufen 182 f.
Maria Himmelfahrt 240
Maronifrau 59
Mistelzweige 58
Neujahr 80 f.
Nikolaus 63
Nikolausruten 57
Nikoloweibl 63
Oarscheibn 169
Ochsenritt 259 ff.
Ölbergandachten 124 ff.
Osterfeuer 168
Ostern 156 ff.
Palmbuschen 132 ff.
Palmesel 135
Palmweihe 133 f.
Pfannenflicker 101
Pfingsten 194 f.
Primiz 234 f.
Ratschen 139 ff.
Roßweihe 171
Schäfflertanz 112 ff.
Schellenrühren 92 ff., 103 ff.
Schuhplattln 33
Schwertertanz 174 f.
Speisenweihe 166 f.
Sternsinger 84 ff.
Stumme Prozession 242 ff.
Tanzbär 119
Taufe 288 f.
Theaterspielen 222 ff.
Totenbretter 53, 284 f.
Ulrichsritt 236 ff.
Untersberger Manndl 101
Wallfahrten 47, 190 ff.
Wasserweihe 162 f.
Weihnachtsschützen 78 f.

332